KB159456

우리가 외면한 진실

일러두기

1. 본문에 등장하는 단행본 저작은『 』으로, 보고서나 논문 및 기타 저작, 영화는「 」으로 표기했습니다.
2. 본문에 등장하는 외래어는 기본적으로 국립국어원 외래어표기법을 따랐으며, 필요에 따라 한자, 영문 및 외국어를 병기했습니다. 외국인명은 원칙적으로 영문명을 병기했으나, 잘 알려진 인물의 경우나 특별히 불필요하다는 판단이 들 때에는 본문의 가독성을 위해 생략했습니다.
3. 책 속에 등장하는 사진은 구글, 핀터레스트 및 저작권이 해결된 소스에서 가져왔습니다.

성범죄 심리의 민낯과 이면의 진실
더 이상 비극은 없어야 한다

우리가 외면한 진실

박수경 지음

가연

| 들어가는 말 |

홀로 견디어 온 당신 앞에 우리 모두는 죄인이다

한 진화심리학자는 인류의 역사야말로 성범죄로 얼룩진 역사라고 말합니다. 우주 개발에 뛰어든 몇몇 선진국들이 앞다투어 달에 무인 우주선을 쏘아 올리고, 전기자동차를 만든다는 한 괴짜 사업가가 인류를 화성으로 이주시킬 프로젝트를 계획하는 시대에도 인류는 역설적이게 우리 가장 가까운 이웃에게 벌어지고 있는 성범죄 하나를 해결하지 못하고 있습니다. 아니 작금의 성범죄는 기존의 패러다임으로 규정할 수 없을 만큼 더 지능적으로 변화하고 있습니다.

성범죄는 우리 가까이 상존하는 위협입니다. 한 통계에 따르면, 미국 내 15세에서 44세 사이의 여성들에게 강간과 가정 폭력은 암이나 전쟁, 자동차 사고로 인한 사망자 및 후유 장애를 모두 합친 것보다 더 높은 위험 요소로 꼽힌다고 합니다. 멀리 갈 것도 없습니다. 이 책을 집필하는 동안에도 우리나라 여군 장교가 두 명이나 성폭행의 트라우마를 이기지 못하고 스스로 목숨을 끊었습니다. 성폭력은 전 세계적으로 우리가 알고 있는 가장 만연한 인권 침해며, 피해자의 삶을 황폐화시킬 뿐만 아니라 우리가 속한 공동체 전체를 파괴하고, 나아가 사회 발전을 저해하는 공공의 적입니다.

성범죄는 그 범위와 기간도 가늠하기 불가능한 가장 치명적이고 사회 곳곳에 만연한 범죄입니다. 성범죄의 피해자는 시대와 장소, 성별과 인종을 구분하지 않으며, 가해자와 피해자의 관계 역시 남녀노소 상하원근上下遠近을 가리지 않습니다. 가장 가까운 가족과 지인이 일순간 가해자로 돌변할 수 있으며 가장 번화한 장소에서 우리 자신이 성범죄의 타깃이 될 수 있습니다. 역사적으로 전쟁과 성범죄는 언제나 손을 맞잡고 가는 일란성 쌍생아였습니다. 이 글을 쓰고 있는 순간에도 지구 반대편에서는 전쟁의 포화 속에서 전리품처럼 여성들을 강간하는 일들이 자행되어 우리의 모골을 송연하게 합니다.

성범죄에서 가해자와 피해자의 구분도 자의적이며 일시적입니다. 가해자는 시간이 지나면 바로 피해자의 자리에 서기 때문입니다. 이는 역사를 조금만 살펴보아도 금세 알 수 있습니다. 2차 세계대전이 마지막으로 치닫던 1945년 봄, 패전이 확실해진 독일 베를린의 여성들이 연합군 군인들에 의해 무차별적으로 강간을 당했습니다. 이때의 상황을 글로 남긴 『함락된 도시의 여자』라는 책을 보면 4월부터 6월까지 베를린에 거주하던 200만 명의 여성 중에서 무려 11만 명이 적국의 국민이라는 이유만으로 소련군에 의해 무차별적인 강간을 당했다고 합니다. 당시 피해자 중에는 살해되거나 불태워진 이들도 적지 않았으나, 베를린 집단 강간 사건은 최근까지 서방의 주목을 받지 못했습니다. 독일이 2차 세계대전을 일으키고 유대인을 학살한 전범국이라는 이유만으로 베를린 여성들은 성범죄의 표적이 된 겁니다.

그 어떤 이유로도 성범죄는 정당화될 수 없습니다. 성범죄는 인간의 존엄성을 파괴하고 유린하는 가장 잔인한 범죄기 때문입니다. 다른 어떤 범죄보다 성범죄가 인간성을 파괴하는 이유는 성이 인간의 가장 근본적인 욕구면서 동시에 가장 숭고한 가치를 지니기 때문입니다. 미국의 배우 칼라 구기노Carla Gugino는 성sexuality이야말로 우리 자신의 가장 큰 부분 중 하나라고 말했습니다. 성은 단순히 남성과 여성을 가르는 생물학적 범주를 넘어 자연과의 관계에서 인간의 필수적인 속성과 본질을 말해주는 고갱이와 같습니다. 인간이 인간이기 위해서는 반드시 성의 안전과 성적자기결정권이 보장되어야 합니다.

이 책은 성범죄 이면에 존재하는 왜곡된 성심리를 파헤치고 가해자와 피해자의 심리구조를 설명하고자 하는 일념으로 기획되었습니다. 이전의 책들이 성심리의 원리를 파헤친 것이었다면 이번 책은 성심리로 빚어지는 무의식의 왜곡과 그 치유 방법을 중심으로 집필되었습니다. 필자는 남녀의 성심리가 상반된 구조를 지니고 있다는 사실을 깨닫고 이를 현장에서 직접 적용하여 많은 내담자들의 상처와 아픔을 치유하고 정상적인 생활로 복귀할 수 있도록 도왔습니다. 이 책 역시 그러한 상담 경험들을 모두 담았습니다. 그래서 이번 책은 지금까지 필자가 써온 책들의 결정판이라고 할 수 있습니다.

이번에도 어김없이 책의 집필과 출판에 도움을 주신 분들이 많이 계십니다. 저술은 도저히 혼자서 할 수 있는 작업이 아닙니다. 자료와 서적들이 끊임없이 나오고 있고 거기에 맞춰 이론과 분석도 달라지기 때문입니다. 뒤에서 집필에 많은 도움을 준 분들에게 이 자리를 빌려 감사의 마음을 전합니다. 그리고 무엇보다 상담소에서 필자와 함께 울고 웃던 내담자들께 감사를 표하고 싶습니다.

검은들길에서

박수경

Contents

chapter 2

chapter 3

Contents

chapter 4

chapter 5

❖ 「레우키포스 딸들의 납치(The Rape of the Daughters of Leucippus, 1618년)」, 피터 파울 루벤스(Peter Paul Rubens) 작, 독일 뮌헨의 알테 피나코테크(Alte Pinakothek) 소장.

chapter 1

성범죄의
원인과 심리

"강간은 지구상에서 가장 끔찍한 범죄 중 하나며 몇 분에 한 번씩 일어난다.
어떤 집단이든 강간 문제를 다루는 방식에 있어 문제점은
여성들에게 스스로 방어하는 법을 가르치려고 애쓴다는 점이다.
정말 필요한 조치는 강간하지 않도록 남자들을 가르치는 일이다.
문제의 원인으로 돌아가서 거기서 시작하라."

—밴드 너바나의 보컬, 커트 코베인—

그리스 신화에는 신들의 제왕인 제우스가 희대의 난봉꾼으로 그려진다. 모든 불행과 다툼, 원한과 복수의 발화점에는 거의 예외 없이 그가 등장한다. 제우스는 신이든 인간이든 일단 자기 눈에 찬 대상이면 닥치는 대로 강간하고 겁탈하고 자신의 씨를 뿌려댄다. 트러블메이커를 넘어 빌런이라 불러도 지나치지 않는 캐릭터다. 아무리 좋게 봐주어도 한창 호르몬이 넘쳐 주체하지 못하는 십대 소년마냥 여기저기 분탕질을 일삼는다. 엄연히 헤라를 아내로 두고 있음에도 불구하고 독자적인 변신술을 십분 이용하여 성인이고 미성년자고 가리지 않고 상대를 농락하고 성적 유희를 즐긴다. 그러한 제우스는 마치 고故 김기덕 감독의 영화「나쁜 남자」에 등장하는 주인공 한기를 기분 나쁘게 닮았다.

그날도 어김없이 제우스는 아이톨리아의 왕 테스티우스의 고명딸이자 스파르타의 왕 틴다레오스의 아내인 레다를 보고는 첫눈에 반한다. 제우스는 레다에게 접근하기 위해 독수리에게 쫓기는 불쌍한 백조로 변신하여 날개를 푸드덕거리며 레다의 품에 뛰어든다. "어머, 불쌍해라. 이리 온." 털이 다 빠진 백조가 가여운 나머지 레다가 두 팔로 꼬옥 안자, 이때를 놓칠 새라 제우스는 자신의 씨를 레다의 몸속에 넣어두고는 홀연히 날아가 버린다. 눈 깜짝할 새 강간이 벌어졌다. 요즘 흔히 회자되는 '비동의간음죄非同意姦淫罪'에 해당할까? 그렇게 자신이 겁탈을 당했다는 사실도 모른 채 레다는 그날 밤 침소에서 왕의 방문을 받는다. 참 공교로운 일이다. 그렇게 왕과 동침하여 임신을 하게 되는 레다.

레다는 이 일로 알을 두 개를 낳는데, 누가 보더라도 이상한 출산이었지만 왕은 이를 상서롭게 여긴다. 마치 뻐꾸기의 탁란처럼 자신의 자녀가 제우스의 씨일지도 모른다는 사실은 꿈에도 모른 채 왕은 새로운 생명의 탄생을 기뻐한다. 레다는 성심성의껏 알을 품고, 때가 되어 그 두 개의 알에서 운명의 장난처럼 헬레네와 클리타임네스트라, 카스토르, 폴리데우케스가 태어난다. 문제는 이들 중에서 누가 제우스의 소실인지 왕의 자식인지 알 수 없다는 것. 이는 제우스의 영악한 전략이기도 했다. 비정상적인 방법으로 임신한 레다는 왕국의 미래를 기대하며 자신의 자녀들을 극진히 길렀지만, 씨에 흐르는 저주의 가계 때문인지 아이들은 하나같이 비뚤어진다.

자녀 중에 쌍둥이 아들이었던 카스토르와 폴리데우케스는 거칠게 자랐고, 아르고스의 왕 레우키포스의 딸인 포이베(화려함)와 힐라에이라(기쁨)의 결혼식장에 난입하여 이들을 보쌈하여 달아나려고 한다. 당시에는 남자가 아무 여자나 납치하거나 겁탈하여 아내로 맞으면 아내의 부모들도 어쩔 수 없이 딸을 그에게 내어주어야 했다. 당연히 식장은 순식간에 아수라장이 됐고, 약혼자들은 목숨을 걸고 불한당들과 맞서 싸운다. 형 카스토르는 허망하게 이들에게 맞아 현장에서 죽고, 동생인 폴리데우케스는 꽁지가 빠진 것처럼 허겁지겁 도망쳤지만 사랑하는 형의 죽음을 슬퍼한 나머지 동생도 스스로 죽음을 택했다. 하늘은 형제의 우애를 기리며 이들을 밤하늘의 별로 삼았는데, 그것이 바로 오늘날 우리가 보는 쌍둥이자리다.

신화는 많은 이들에게 문학적 감수성만 물려주는 게 아니다. 아무런 연고 없이 여성들이 인신매매로 납치되고 유린되는 당시 지중해 문화의 단면도 우리에게 보여준다. 이는 루벤스의 그림에서도 여실하게 나타난다. 1618년에 완성한 「레우키포스 딸들의 납치」라는 작품에는 남자들이 완력으로 여자들을 취하는 야만의 문화가 생생하게 그려진다. 결과적으로 납치와 강간은 실패로 끝났지만, 세상에는 이 순간에도 얼마나 많은 여자들이 납치되고 강간당하고 원치 않는 임신으로 고통을 당하고 있을까? 이번 장에서는 바로 이 이야기를 풀어가려고 한다.

성이라는 네 가지 국면

인간은 언제부터 남녀가 짝을 이루며 살게 되었을까? 남녀의 교합에 관해 창세 신화는 까마득한 과거부터 남자와 여자가 서로의 반쪽이 되어 살았다고 말한다. 『성서』에는 다음과 같은 대목이 나온다.

"사람의 독처獨處하는 것이 좋지 못하니 내가 그를 위하여 돕는 배필配匹을 지으리라."*

* 「창세기」 2장 18절.

사람은 혼자 살아가는 존재가 아니다. 모든 동물들도 다 제 짝이 있는데 왜 유독 인간만 짝이 없는 걸까? 아담은 독신의 고통을 체험한 지구상 첫 번째 사람이었다. 그렇게 인간이 독처하는 건 신이 보기에 좋지 못했다. 그래서 신은 그를 위해 돕는 배필을 지었다. 아담을 깊이 잠재우고 그의 갈빗대를 뽑아 아내(여자)를 빚었다. 이 잠은 죽음을 상징한다. 또 다른 생명을 잉태하기 위해 기존의 생명은 죽어야 한다. 그리고 그 죽음에서 부활해야 한다. 잠에서 깬 아담은 여자를 처음 보고 이렇게 외쳤다.

"이는 내 뼈 중의 뼈요 살 중의 살이라."*

인류 최초의 남녀는 그렇게 같은 몸에서 떨어져 나간 존재였고, 그래서 남자와 여자는 영원히 서로를 희구하고 찾게 되었다. 마치 자신의 빈 허리를 채우려는 듯. 인류가 낳은 위대한 종교 전통은 하나같이 남녀의 결합에 신화적 의미를 부여해왔다. 『리그베다』에도 이와 관련한 흥미로운 창세신화가 등장한다. 옛날 옛적에 물 위에 둥둥 떠 있던 거대한 알에서 프라자파티가 태어났다. 남신도 여신도 아닌 그는 너무 외로워서 짝을 바랐다. 그러나 망망대해 그 어

* 「창세기」 2장 23절.

디에서도 자신의 배필을 구할 수 없었다. 어쩔 수 없이 그는 자신의 몸을 둘로 나눠 남자와 여자를 만들었고 그들이 최초의 신과 인간이 되었다. 이 세상 모든 만물은 바로 이 둘의 교합에서 탄생한다.

남자는 여자를, 여자는 남자를 끊임없이 바란다. 둘을 결합하는 조건은 성性이라는 형태로 표현된다. 성이라는 한자를 가만히 들여다보면, 마음 심心 변에 날 생生 자가 합쳐진 글자다. 한자는 성의 본질이 섹스가 아니라 마음에서 생겨난 것임을 말해준다. 우리는 언제부터인가 성이라고 하면 언제나 남자와 여자의 섹스만을 떠올린다. 남자들은 성이라는 글자에서 어김없이 피스톤 운동을 연상한다. 포르노의 폐해다. 성은 섹스가 아니다. 성은 남녀의 육체적 교합이 아니다. 성은 마음의 표현이다. 한자 그대로 성은 '마음에서 생겨난 것'이다. 지구상에서 일어나는 모든 성범죄는 '성이 섹스다.'라는 억측과 착각에서 비롯한다.

성은 마음의 표현이다

영어로 섹스sex 역시 다양한 의미를 포함하고 있다. 어원상 섹스는 '갈라짐'이라는 뜻의 라틴어 '세쿠스secus'에서 나온 것인데, 여기서 흔히 우리가 알고 있는 '섹션section'이라는 단어도 나왔다. 남자와 여자가 인간이라는 하나의 덩어리에서 갈라져 나온 것이 바로 세쿠스다. 그래서 사실 14세기만 하더라도 섹스는 남자와 여자를 집단적으로 총칭하는 단어로 쓰였다. 이처럼 인간의 절반을 뜻하는 개념은 남자와 여자를 나누는 매우 그럴듯한 단어로 섹스를 사용하도록 했다. 반면 우리가 오늘날 쓰는 성행위로써 섹스는 비교적 근대적 개념에 불과하다. 그러니까 한자로 성이나 영어로 섹스라는 단어 모두 일상의 용례보다 훨씬 폭넓은 의미를 담고 있는 셈이다.

이쯤에서 이 책을 관통하는 매우 중요한 개념과 용어를 정리해야겠다. 성에는 본능도 있고, 심리도 있고, 감정도 있고, 마음도 있다. 즉 성은 본능과 심리, 감정, 마음으로 분화된다. 우리는 일상에서 엇비슷한 뜻으로 혼동해서 쓰지만, 사실 위 네 가지 개념은 적에도 이 책에서 각기 다른 의미를 갖고 있다. 먼저 **성의 본능**은 사람이 태어나면 누가 가르쳐주지 않아도 그냥 자연스레 알고 느끼는 것을 말한다. 우리는 본능을 배우지 않는다. 마치 본능적으로 강아지가 짖고 꼬리를 흔드는 것처럼 말이다. 이 본능은 먹고 마시고 잠자는 것과 같은 지극히 자연스러운 욕구를 불러일으킨다.

이 본능은 점차 본성으로 발전한다. **성의 본성**은 남녀의 신체적 차이를 통해 얻어진 것으로 남자와 여자는 상반적 본성을 갖는다.

남자는 성기가 바깥으로 돌출되어[凸] 있으며 여자는 안으로 움푹 들어가[凹] 있다. 남자는 구멍을 찾아 자신의 남아도는 덩어리를 넣으려고 하고, 여자는 자신의 비어 있는 공간을 채우려고 한다. 이는 신체를 통해 본능적으로 익힌 본성이며, 이 본성을 거스르거나 부정할 사람은 한 명도 없다. 남자는 아폴로적이며, 여자는 디오니소스적이다. 남자는 적극적, 능동적이며, 여자는 수용적, 수동적이다. 이러한 남녀의 본성적 차이는 생명이라는 위대한 탄생을 가능하게 한다.

나아가 이러한 성의 본성은 경험을 통해 심리로 발전한다. **성의 심리**는 남녀의 상반된 본성으로 살아가며 성에 대해 인식하고 느끼는 것을 말한다. 성의 심리는 보통 2차 성징이 활발한 사춘기 때 두드러지며, 이후 우리 인생을 지배하는 원리로 자리 잡는다. 성의 심리를 성욕이라고 착각하는 경향이 있는데, 실은 그보다 더 큰 개념이다. 성의 심리는 남녀의 본성에 경험이 더해지며 얻어진 것이다. 본 책에서는 보통 줄여서 '성심리'로 쓸 것이다. 성심리는 의식과 무의식으로 구분된다. 의식적 성심리와 무의식적 성심리는 포함관계에 있다.

마지막으로 **성의 감정**은 남녀의 관계에서 얻어진 희로애락을 말한다. 성의 감정은 성의 심리에서 파생된 결과와 같다. 성의 감정은 신체적 쾌락과 혼동할 수 있다. 하지만 성의 감정은 신체적인 것을 넘어서 정신적인 것, 나아가 사회적인 것까지를 포함한다. 남녀의 성역할sex role이나 사회적으로 규정된 섹슈얼리티sexuality도 성의 감정에 해당한다. 성의 감정은 사회적으로, 문화적으로 규정된다. 생득한 본능에 본성이 더해지고, 여기에 경험이 누적되면서 성심리가 만들어진다. 이 성심리가 사회 문화적으로 규정된 것이 성감정이다. 성감정은 긍정과 부정으로 구분된다. 조금 복잡하기 때문에 이를 도표로 정리하면 다음과 같다.

성의 본능 本能/instinct	남녀 공통적으로 갖는 태생적, 본능적인 성에 대한 욕구: 생물학적 개념
성의 본성 本性/nature	남녀의 신체적 차이를 통해 발생하는 성에 대한 욕구: 생물학적 개념
성의 심리 心理/psyche	남녀의 감정적 차이를 통해 발생하는 성에 대한 심리: 심리학적 개념
성의 감정 感情/affect	남녀가 관계를 통해 후천적으로 획득하는 성에 대한 심리: 사회심리학적 개념

남녀 성의 네 가지 측면

성은 이처럼 복잡하고 다면적이다. 성은 흔히 매체가 그리는 것처럼 단순히 섹스가 아니다. 학교며 직장이며 성교육을 그렇게 많이 시키는데도 성범죄가 계속 늘고 있는 건 무엇으로 설명할 수 있을까? 아동행동진술분석관으로 있으며 성범죄 피해자들을 만나 보면, 오늘날 그릇된 성교육이 부정적인 성감정을 낳고 급기야 성에 대한 이해를 왜곡시키는 현실을 종종 마주하게 된다. 너무 안타까운 건 이들을 교육하는 현장의 인력도 턱없이 부족하지만 그나마 있는 인원도 전문성이 결여되어 있다는 사실이다.

상황이 이렇다 보니, 우리 사회는 성폭력 가해자와 피해자를 양산하는 구조를 갖고 있다. 아이들에게 성을 가르치는 건 학부모나 학교 교사가 아니라 야동이나 포르노다. 그들이 수용한 성정보는 죄다 성을 쾌락의 관점에서 소비하도록 자극하며, 성욕을 발산하고 표현하는 게 지극히 건강하고 본능에 자연스러운 현상이라고 믿게 만든다. 경찰의 의뢰를 받아 아동 성폭행 상담도 진행했는데, 그중에 가장 기억에 남는 사례는 부모가 가게일로 바빠서 늘상 집을 비운 상태에서 십대 오빠가 유치원에 다니는 여동생과 함께 야동을 시청하고 이를 실습했던 사건이다. 군대에서건 직장에서건 성범죄를 저지르는 사람들은 성에 대해 많이 알고 있다기보다는 성에 대해 잘못 알고 있다. 그렇다면 그들이 잘못 알고 있는 성은 진정 무엇일까? "그들이 저지르는 성범죄는 그들의 성의식을 반영한다. 그들은 스스로 잘못된 성지식을 갖고 있다는 사실조차 인식하지 못한다. 매스컴을 통해 무분별하게 배운 성, 영화나 매체를 통해 무방비 상태에서 습득한 성적 이미지, 동료나 친구에게 주워들은 야한 이야기, 그간 몇 명의 이성을 사귀며 얻었던 개인적인 경험 따위에 영향을 받고 이에 자극받아 돌출적 행동을 보이기 때문이다." 이제 우리는 책에서 그 이야기를 하나씩 꺼내려고 한다.

성이 범죄로 변하는 순간

이 책은 성범죄를 중심으로 가해자와 피해자의 심리를 분석한 책이다. 책에 등장하는 사례는 모두 필자가 만난 내담자들의 이야기로 그들의 프라이버시를 위해 나이와 직업, 구체적인 정보에 있어 일정한 드라마타이징을 거쳤다. 어쩔 수 없이 어느 정도 극화된 부분은 있지만, 결정적으로 책에서 필자가 말하고자 하는 주된 내용, 즉 가해자와 피해자의 성심리에 관한 부분은 오롯이 그대로 남겼다. 그들로부터 들은 은밀한 이야기는 여기에 모두 털어놓을 수 없을 정도로 부끄러운 에피소드에서부터 기괴하고 엽기적인 것에 이르기까지 다양하다. 필자가 이 책과 함께 성범죄 피해자들을 위한 워크북을 만들 계획이 있는데, 그 자료를 만들면서 이 책에서 미처 다하지 못한 이야기들을 엮을까 한다.

책의 구성을 위해 우리는 먼저 성이 어떤 과정을 거쳐 범죄가 되는지 여기서 잠깐 논의하고자 한다. 법의 관점에서 성의 일탈을 설명하려다 보면 당연히 내용이 조금은 딱딱하고 건조하게 흘러간다. 그럼에도 불구하고 '심리心理적인' 이야기를 하기에 앞서 '법리法理적인' 이야기를 하려는 이유는 특정 행동을 가리키는 개념으로 우리가 성범죄와 성폭력, 성추행, 성희롱 등 무척 다양한 용어들을 사용하고 있어 적잖은 혼란을 유발하고 있기 때문이다. 문제는 일상에서 이러한 용어들을 중복적이고 중의적으로 쓰기 때문에 이러한 혼란이 더욱 가중된다는 데 있다.

본 책에서 다루게 될 **성범죄는** 성폭력, 성추행, 성희롱 등 앞으로 등장하는 여타 모든 용어들을 포괄하는 가장 넓은 개념으로 쓰인다. 우리나라 법에서 성범죄는 강간과 유사강간, 강제추행, 통신매체이용음란죄, 카메라등이용촬영죄, 성희롱 등 성을 매개로 가해자가 피해자에게 가하는 모든 행위를 포괄하는 개념이다. 반면 **성폭력은** 성범죄보다 좁은 개념으로 보통 물리적(신체적) 폭력과 언어 폭력을 포함한 개념으로 강간, 강제추행 등 성을 매개로 하는 모든 행위를 포괄하는 법적 용어다. 성범죄라는 개념이 법정에서 쓰이는 법리적 개념과 사회 전반을 아우르는 일상적 개념을 포함한다면, 성폭력은 주로 법리적 개념에 국한되어 쓰인다고 보면 된다. 이 둘을 구분하는 건 상담가인 필자의 입장에서 매우 중요한데, 왜냐하면 법리적으로 성폭력으로 규정되는 행위와 그렇지 않은 행위가 때로는 잠재적인 성범죄의 테두리 안에 들어갈 수 있기 때문이다. 아무리 법적으로 처벌이 이루어진다 해도 심리적으로는 가해자와 피해자를 특정할 수 없는 사례도 얼마든지 있다.

이와 달리 **성추행**은 상대가 허락하지 않은 신체접촉이나 발언을 해서 상대에게 혐오감이나 성적 수치심을 유발하는 행위를 통칭한다. 보통 형법상 강제추행및성폭력범죄의처벌등에관한특례법에 의해 처벌되는 여러 범죄 중 강제추행을 기본으로 하는 성범죄를 말한다. 강제추행은 폭행 또는 협박으로 피해자를 추행한 것으로 이는 다시 준강제추행과 특수강제추행, 특수준강제추행 등으로 세분된다. 우리나라 형법상 강제추행은 10년 이하의 징역이나 1,500만 원 이하의 벌금에 처해진다. 반면 **성희롱**은 성과 관련된 말이나 행동으로 상대에게 고의로 혹은 부지불식간에 성적 수치심이나 굴욕감을 주는 행위를 말한다. 직장이나 학교에서 일어나는 성희롱은 요즘 중요한 사회문제로 떠오르고 있다. 이 문제로 남녀가 서로 갈

등하고 반목하는 상황이 계속 빚어지고 있다. 하다못해 길거리에서 지나가는 여성을 향해 휘파람을 불거나 농을 던지는 **캣콜링**catcalling 같은 행위도 넓게 성희롱에 해당한다.

성범죄 性犯罪/sexual crime	성폭력과 성추행 등 성에 관련한 가장 포괄적인 개념
성폭력 性暴力/sexual assault	강간, 추행 등 주로 물리적 폭력을 포함하는 개념
성추행 性醜行/sexual abuse	주로 성적 접촉으로 성적 수치심을 유발하는 행위
성희롱 性戱弄/sexual harrassment	주로 성적 발언으로 성적 수치심을 유발하는 행위

성과 관련된 네 가지 법리적 문제들

성희롱은 행위자의 의도와 고의성과 상관없이 피해자가 피해를 입었는가가 성립 요건이 된다. 성희롱은 성폭력 범죄보다 행위의 유형이 다양하고 범위가 더 넓게 적용된다는 특징이 있다. 피해자가 성적 굴욕감 내지 혐오감을 느끼게 하는 행위라면 바로 법률이 말하는 성희롱에 해당한다. 여기서 피해자의 성별은 구분이 따로 없다. 남성이 될 수도 있고 여성이 될 수도 있으며 동성 간에도 발생할 수 있다.

물론 성범죄를 구분하는 기준에 관해 법의 입장과 심리의 입장이 서로 다르다. 대부분의 경우, 법과 심리는 나란히 간다. 법은 대중들이 갖는 상식의 최소 단위기 때문이다. 그런데 문제는 법의 입장과 심리의 입장이 충돌할 때다. 법의 입장은 성범죄가 명확하지만, 심리의 입장으로 넘어가면 그 범위가 더 포괄적으로 변한다. 결과적으로 성범죄가 발생한 경우, 법은 예외 없이 범죄로 규정할 수 있으나 심리는 그렇지 않다. 피해자에게 위자료를 주고 합의를 했다고 해서 상처 입은 성심리가 해결되거나 원상태로 복구되는 게 아니다. 상담심리의 관점에서 가해자와 피해자가 서로 합의를 보고 민사적으로 끝냈다고 해서 성범죄가 끝난 게 아니다. 아니 그때부터 사실상 피해자에겐 성범죄가 시작된다. 법정이 끝나는 지점에서 심리가 시작된다. 성심리의 관점에서 가해자가 성범죄를 결정하는 게 아니라 피해자가 성범죄를 결정한다.

법이 말하는 성범죄	심리가 말하는 성범죄
정의: 법이 규정하는 수준의 성범죄 범위: 심리적 성범죄보다 훨씬 좁다 결과: 법적 처벌로 해결된다	정의: 피해자가 느끼는 성범죄 범위: 법이 규정하는 성범죄보다 훨씬 넓다 결과: 법적 처벌과는 무관하게 진행된다

법이 말하는 성범죄와 심리가 말하는 성범죄

성폭력은 피해자 개인의 주관적 감정을 고려할 뿐만 아니라 객관적 관점에서 종합적으로 판단된다. 피해자와 같은 처지에 있는 평균인의 관점, 합리적인 피해자의 관점이 모두 고려된다. 보통 일반 평균인은 권력관계의 불균형에서 차별을 당하는 쪽을 이해하기 어렵다. 그래서 권력관계의 열위列位에 있는 사람들의 집단적 경험과 판단을 통해 객관성을 확보해야 한다. 보통 피해자들이 신고하고 나서도 비난을 당하고 2차, 3차 피해를 당하는 것은 이러한 평균인의 인식, 성폭력에 대한 사회적 인식이 아직 미비하기 때문이다. "허허, 프로불편러 나셨구만." "그렇게 쓸데없이 분위기 망치니까 좋아?" 등등 성폭력 신고자를 도리어 '피해호소인'으로 몰아가는 전반적인 사회 분위기는 우리 사회가 시급히 풀어야 할 숙제라고 할 수 있다. 성폭력의 대상은 누구도 예외일 수 없으며 성적자기결정권은 인격권과 사생활의 비밀과 자유권, 노동권 등과 함께 헌법에서 보장하는 인간의 대표적인 기본권이기 때문이다.

03 성범죄는 학습되고 진화한다

성범죄의 기준은 한 사회의 성인지감수성의 기준이라는 말이 있다. 최근 N번방 사건이나 검찰 관계자의 성추행 사건, 유명 목회자의 성폭행 사건, 미투운동 등은 우리 사회가 아직 성숙한 시민의식을 갖지 못하고 왜곡된 성문화에 물들어 있다는 사실을 말해준다. 2012년, 모 지역 하청 공장에서 일어난 사건도 이러한 우리네 몰상식한 시민의식의 현주소를 단적으로 보여준다. 피해자 A씨(30대)는 당시 12시경 자신이 근무하던 모 회사 생산 공장에서 야간 업무를 끝내고 단체 회식에 참여하기 위해 피해자 C씨(30대)의 차를 타고 공장 정문을 지나가고 있었다. 그런데 정문 밖에서 조합원들과 함께 노동쟁의 중이던 여러 명의 노조 조합원들이 A와 C를 향해 갑자기 큰 소리로 "너네 많이 대줬다며?"라고 말했고, 당시 정문 앞에 모여 있던 다른 조합원들 역시 낄낄 웃으며 피해자들이 탄 차를 향하여 "말보지, 말보지!"라고 십여 차례 외쳤다. "당시 우리가 말리부라는 차량을 타고 있었는데, 처음에는 우리 차량을 부르는 건 줄 알았어요." 그러나 "말보지"라는 단어가 점차 선명하게 들리면서 자신들을 성희롱하는 것임을 알게 되었다고 한다. "너무 충격적이었어요. 부끄러워서 그들을 앞으로 볼 수 없을 거 같다는 생각이 들었죠." 피해자들은 동료들의 발언에 심한 성적 굴욕감과 혐오감을 느꼈다고 한다.

둘은 다음 날 회사에 출근하여 성희롱으로 전날 자신들을 놀렸던 조합원들 중 일부를 고발했고, 그 날로 이 사건은 공론화되었다. 집단적으로 두 여성 노동자들을 성적으로 비하하고 조롱했던 조합원들은 당시 회사를 상대로 오랜 기간 동안 임금 투쟁 중이었는데, 노조에 가입하지도 않고 쟁의에 참여하지도 않는 A와 C에 대해 처음부터 악감정이 있었던 것이다. "우리는 뭐 빠지게 희생하는데 지들만 회사 편에 붙어 돈 벌고 있으니 부아가 났습니다." 직장폐쇄가 있은 후 일부 노조원들이 초기 약 한 달간 오전 출근시간이나 점심시간, 또는 저녁 퇴근시간 그리고 야간 근무자 퇴근시간 등 하루에

네 차례 정문에서 집회를 했었다. 노총이 주최하는 촛불집회가 있었으며 집회 후 노조원들 사이에서 술 한잔 하러 가자는 얘기가 오가는 것을 들었다. 사건이 발생한 당시에도 조합원들은 당시 음주 상태였던 것. 피해자들이 성희롱을 당했다는 소문이 회사 내에 파다했으나, 처음에는 인사팀에서조차 사실관계를 정확히 파악하지 못하고 있었다. 출퇴근 중에 발생했다고 해서 정문 경비업체 보안팀에게 확인하니 노조원들이 피해자들에게 집단적으로 욕설을 하였다는 사실을 확인해 주면서 수사는 급물살을 탔다.

이후 가해 남성들은 성희롱 가담 여부와 발언의 경중에 따라 인권위의 경고와 감봉 등의 조치를 받게 되었다. 그러나 피해자들의 싸움은 이제부터 시작이었다. 피해자 A와 C는 출근하면서 여러 명의 조합원들에게 둘러싸여 "씨발 년들, 개 같은 년들"이라는 욕설을 들어야 했다. A에 대해서는 "눈 몰린 애, 신동엽 여동생이냐?"라는 말을 퍼부었고, C에게는 "넌 그렇게 잘 대준다며?"라는 중상모략을 했다. 결국 국가인권위원회법 제2조 3호 라목에 따라 업무 고용 그 밖의 관계에서 공공기관의 종사자 사용자 또는 근로자가 그 직위를 이용하거나 업무 등과 관련하여 성적 언동 등으로 성적 굴욕감 또는 혐오감을 느끼게 하거나 성적 언동 또는 그 밖의 요구 등에 따르지 아니한다는 이유로 고용상의 불이익을 주는 경우로 보고 가해 노조원들을 성희롱으로 처벌하게 되었다.

현행법상 어떤 행위가 성희롱인지의 여부는 전적으로 피해자가 해당 행위를 원치 않고 불쾌감을 느끼는지, 또는 합리적 여성 및 합리적 피해자의 관점에서 성적 굴욕감이나 혐오감을 줄 만한 행위인지에 의하여 판단한다. 여기서 '성적 굴욕감 또는 혐오감'은 때에 따라 주관적이고 모호한 기준이 될 수 있다. 이에 피해자의 주관적 입장 외에 '보통의 합리적 피해자의 관점'이라는 사회 보편적 시각과 성인지감수성이라는 판단 기준에 따라 성희롱 여부를 추가적으로 판단한다. 결국 성희롱 여부는 한 사회의 보편적인 시민의식과 성인지감수성에 따라 결정된다고 할 수 있다.

성희롱의 여부는 피해자가 느끼는
불쾌감, 성적 굴욕감, 혐오감으로 판단된다

법적으로 보아 성희롱은 다시 공적 성희롱과 사적 성희롱으로 나뉠 수 있는데, **공적 성희롱**이 흔히 회사나 학교 같은 오픈된 공간에서 가해자와 피해자의 공적 관계 사이에 발생한다면, **사적 성희롱**은 화장실이나 집 같은 폐쇄된 공간에서 사적 관계로 발생한다. 공적 성희롱은 동료나 상사, 선배, 부하, 직원 등과 일정한 업무 관계에 있을 때나 공개적인 관계에서 발생하기 때문에 장난처럼 시작되며 그 강도가 크지 않은 경우가 대부분이다. 문제는 사적 성희롱이다. 사적인 관계에서 은밀히 행해지는 특성 때문에 그 강도가 클 수 있다. 사적 성희롱을 가하는 가해자는 겉으로는 절제되고 존경받는 이미지를 조심스럽게 드러내지만, 피해자와 단둘만 남게 되었을 때 그들의 태도는 돌변한다.

성희롱을 가해자가 선택하는 방식에 따라 나눌 수도 있는데, 보통 형법상 세 가지로 성희롱의 유형을 구분할 수 있다. 언어적 성희롱과 비언어적 성희롱, 그리고 신체적 성적 접촉이 그것이다. **언어적 성희롱**은 언어라는 매개를 통해 이뤄지는 성희롱으로 피해자에게 성적 수치심을 느끼게 하는 말을 전달하는 과정에서 발생한다. 만약 누군가 여러분에게 노골적으로 성적 발언이나 은연중에 성을 암시하는 말을 한다면, 앞서 말했던 성적 굴욕감 또는 혐오감의 정도에 따라 성희롱으로 규정될 수 있다. "김 대리는 요즘 만나는 남자친구는 있어?" "이 양, 요즘 얼굴이 확 피네. 남자한테 사랑받고 있나봐?" "(위아래로 옷을 보며) 오늘 끝나고 어디 좋은 데 가나봐?" 같은 말들도 언어적 성희롱이 될 수 있다. 물론 모든 발언이 성희롱 수준으로 올라가는 건 아니다. 다만 쉽게 넘을 수 있는 선이 있고, 그렇지 않은 경우가 있다. 언어적 성희롱으로 피해를 입었다고 느끼는 순간, 바로 상담을 신청하는 게 좋다. 일반적으로 적용 가능한 언어적 성희롱의 예에는 다음과 같은 것들이 있다.

성접대 요청	오늘 나랑 함 자자. 홍콩 보내줄게. 니가 우리 회사와 맞는지 함 자봐야 알겠는데.
성적 접촉이나 행위에 대한 욕구 표현	이리 와서 어깨 좀 주물러봐. 여기 아픈 곳 좀 낫게 해줘.
성적으로 노골적인 언어 사용	섹스 해봤어? 사랑을 받으면 여자는 예뻐진대. 시간 날 때 남자친구랑 모텔도 좀 다니고 그래.
성적 농담	코가 크면 거시기도 크다던데. 딸기우유를 먹으면 가슴이 커진다던데.
외모에 대한 코멘트 (얼평, 몸평)	머리 폭탄 맞은 거야? 좀 꾸미고 다니지 그래? 요즘 여성들에게 화장은 사회 에티켓 아닌가?
성적 어조로 말하는 것 (흐느낌, 헐떡임)	(가슴을 보며) 어이쿠, 크다 커. 미사일이네. 한껏 성난 엉덩이네. 저기에 파묻히고 싶다.
성적 암시를 갖는 별명이나 표현	젖소부인, 변강쇠, 걸레, 창녀, 갈보년, 말보지, 돌보지, 된장녀, 김치녀

인권위에 보고된 언어적 성희롱의 유형과 사례

비언어적 성희롱은 언어 이외에 표정이나 몸짓, 태도 같은 신체적인 표현이 담긴 성적 의사소통이나 행위를 말한다. 여기에는 성적으로 노골적이거나 성적인 성격의 이메일과 문자 메시지를 보내는 것뿐만 아니라 자신의 몸을 상대에게 노출시키는 것, 포르노나 야동을 보내는 것, 싫다는데 계속 치근대거나 따라다니며 스토킹하는 것도 포함된다. **스토킹**stalking은 사랑을 빙자하여 상대를 괴롭히고 그 반응을 통해 스스로의 존재감을 확인하고 상대와의 유대감을 확보하려는 범죄다. 미국의 경우, 여성의 약 15%와 남성의 약 6%가 평생 스토킹을 경험했다고 보고한다. 우리나라 역시 스토킹으로부터 안전지대가 아니다. 여성가족부가 발행한 최근 자료에 의하면, 2017년 358명이던 스토킹 피해자가, 2018년에는 434명, 2019년에는 580명으로 꾸준히 증가세를 보이다 2020년에는 481명으로 전년 대비 소폭 감소하는 것 같다가 2021년 상반기에만 2,924명으로 폭증했다. 2017년과 견주면 8배나 늘어난 수치다. 이렇게 빈번히 발생하는 스토킹 사건으로 사회적인 공분이 일자 2021년 4월, 「스토킹처벌법」 공포안이 국무회의에서 의결되었다. 이젠 스토킹 행위만으로도 3년 이하 징역 또는 3천만 원 이하 벌금에 처할 수 있는 법적 근거가 마련되었다.

스토킹이 무서운 건 단순히 상대의 뒤를 밟고 따라다니며 정신적 고통을 주는 것을 넘어 신체적으로 직접적인 위해나 물리적 공격을 가하고, 나아가 성추행이나 성폭행 또는 살인으로까지 확대될 수 있기 때문이다. 그럼에도 피해자가 스토커의 궤적을 특정하기 힘들고 향후 스토킹 행위가 심화될 것인지, 심화된다면 어느 수준까지 심화될 것인지를 전혀 알 수 없다는 것에서 깊은 낭패감과 공포감을 갖게 된다. 일반적으로 스토킹은 상대의 일정을 파헤치고, 그 사람의 행방을 추적하거나, 물리적으로 뒤를 밟는 행위뿐만 아니라 문자나 전화 또는 이메일을 통해 상대를 괴롭히는 행위, 상대의 집이나 직장, 학교에 예기치 않게 나타나는 행위, 상대가 원치 않는 선물이나 소포를 보내는 행위, 상대의 소유물을 훔치거나 손상을 가하고 자신의 체액 등을 묻히는 행위, 상대의 친구나 가족을 위협하는 행위, 상대를 찍은 사진이나 동영상 따위를 보내거나 허락을 받지 않고 공개된 게시판에 올리는 행위 등을 포함한다.

특히 최근 인터넷의 발달과 함께 **사이버스토킹**cyberstalking이 기승을 부리고 있다. 사이버스토킹은 IT기술에 의존하는 모든 형태의 스토킹으로 이메일이나 소셜미디어 플랫폼을 통해 상대가 원하지 않는 메시지를 반복적으로 전송하는 행위, GPS나 위치추적앱을 통해 상대의 동의를 구하지 않고 동선을 추적하는 행위, 아무런 동의 없이 상대의 온라인 활동을 모니터링하거나 이를 주기적으로 전송 및 배포하는 행위, 온라인상에 피해자에 대한 개인정보나 프라이버시에 해당하는 정보들을 공개하거나 배포하는 행위, 소위 '좌표찍기'처럼 상대의 주소나 직장, 학교를 무단으로 불특정다수에게 공개하는 행위, 대화방이나 온라인 플랫폼에서 상대방으로 가장하여 활동하는 행위, '몸캠'처럼 상대 컴퓨터나 휴대폰에 카메라나 불법 앱을 설치하여 그의 동의 없이 몸을 보거나 이를 녹화하는 행위 등을 포함한다. 사이버스토킹을 벗어나기 위해서는 이메일 계정부터 휴대폰, 사이트 비번 등 암호와 PIN을 변경하고 시차를 두고 새로운 이메일 주소를 받아야 한다. 보안장치나 방화벽을 새로 점검하고, 휴대폰이나 자동차 등 모든 장치의 GPS 추적을 끄거나 제거하여야 한다.

원치 않는 신체 접촉은 만남의 심각성에 따라 성희롱을 넘어 성폭행으로 간주된다. 성희롱과 성폭행의 경계를 모호하게 할 수 있는 신체 접촉의 예는 모든 형태의 원치 않는 신체상 접촉, 쓰다듬기, 손잡기, 몸 문지르기 또는 꼬집기, 귀에 입김 불어넣기, 손가락 깨물기, 포옹하기, 키스하기, 성기 문지르기, 가슴이나 엉덩이 만지기 등이 포함된다. 요즘 십대들을 중심으로 소위 '엉만튀'나 '슴만튀' 챌린지가 유행하고 있다. 최근 전주 효자동 한 골목에서 택시를 기다리는 여성 2명에게 다가가 가슴을 만지고 달아난 남성은 소리를 지르며 뒤쫓아 오는 한 피해자 여성의 가슴을 재차 쥐고 넘어뜨리는 사건이 있었다. 서울 관악구에서는 반려견을 데리고 산책하던 여성이 강아지 대변을 치우기 위해 허리를 숙이자 지나가던 한 남성이 오른손으로 엉덩이를 쥐고 달아나기도 했다. 길거리나 인적이 드문 곳 등 CCTV가 미치지 않는 사각지대에서 주로 발생하지만, 대담한 가해자들은 주변 사람들이 많은 공공장소에서도 버젓이 엉만튀를 하기도 한다. 피해를 당했을 때에는 주변 CCTV를 확보해야 하며 가해자의 인상착의나 도주 방향 등을 기억해두면 나중에 피해를 입증하고 피의자를 특정하는 데 도움이 된다.

2016년, 강남역 일대를 벌집 쑤시듯 공포로 크게 어지럽혔었던 스타킹 먹물 테러 사건도 가해자의 비뚤어진 성적 욕망이 기괴한 방식으로 표출된 사례다. B씨(20대)는 평소 인터넷 페티쉬 카페에서 여성 스타킹을 좋아하는 이들이 모인 그룹에서 구두약과 잉크를 섞어 먹물을 제조하는 법 등을 익혔다. 이후 B는 유동 인구가 절정에 달하는 주말 밤마다 강남역 일대를 돌며 스타킹을 신은 여성들만을 골라 테러를 감행했다. 처음에는 주체할 수 없이 떨리는 가슴에 제대로 먹물을 투척하는 데에도 상당한 시간이 걸렸으나, 그것도 한두 번 경험이 쌓이자 점점 대담하게 범행을 시도할 수 있게 되었다. 그는 마치 하이에나처럼 바삐 지나가는 행인들 틈에서 참을성 있게 적당한 대상을 고른 다음, 일단 대상이 선정되면 그 뒤를 천천히 따라가 주머니에 넣어둔 스포이드로 먹물을 뿌리고 달아났다. 놀라고 당황한 여성 피해자가 경황이 없는 틈을 타서 B는 그렇게 인파 속으로 미끄러져 들어가 완전범죄를 꿈꾸었던 것이다.

그가 범행으로 노린 대상은 한결같이 미니스커트를 받친 승무원 복장에 살구색 스타킹을 신은 여성들이었다. 나날이 그의 범행 횟수가 늘어날수록 피해자들의 숫자도 점점 늘어났다. 당시 SNS에는 '강남역 주변 오피스룩을 입은 여성들의 다리에 먹물을 뿌린다.'는 글이 잇따라 올라오기도 했다. 하지만 꼬리가 길면 잡히는 법. 서초경찰서 형사팀과 모 케이블 TV 촬영팀이 공조해 기나긴 잠복 끝에 용의자 B를 현행범으로 검거했다. 그는 당일도 피해 여성들이 버린 먹물이 묻은 스타킹을 화장실에 들어가 가져가려고 했다. 경찰서로 연행된 그는 범행의 이유를 묻는 TV 피디에게 고개를 숙이며 죄송하다는 말만 반복했다. 그는 피해 여성들을 '표적물'이라 불렀다. 먹물 테러를 일종의 사냥으로 이해했다는 의미다. "내가 뿌린 잉크에 맞아 어쩔 줄 몰라 하는 표적물의 표정에서 묘한 쾌감을 느꼈어요. 게다가 표적물이 나 때문에 스타킹을 벗는 모습을 상상할 때마다 짜릿한 성적 판타지를 경험했습니다. 그렇게 화장실에서 스타킹을 벗고 나가면 바로 들어가 휴지통에서 버린 스타킹을 회수했죠.

바로 뒤따라 들어가서 가져 나오면 여자의 따뜻한 온기가 남아 있을 때도 많고, 어떨 때는 향긋한 향내도 나더라구요." 조사 결과, 그는 2013년에도 비슷한 범행으로 전과도 있었다. 재물손괴 혐의로 재판에 넘겨진 B는 2017년 징역 10월에 집행유예 2년을 선고받았다.

이 사건이 더 위험한 건 이런 원치 않는 접촉이 계속 진화하면 나중에 더 큰 성범죄로 발전할 수 있다는 데 있다. 스스로 죄책감을 없애고 반복되는 범행으로 서서히 자신을 길들이는 과정을 밟다 보면 결국 누구나 연쇄 강간범이 될 수 있다. 자신이 어디에 있든, 무엇을 하든, 원치 않는 신체적 접촉을 받아들일 필요가 없다. 신체를 통한 일방적인 성적 표현은 타인의 신체자기결정권을 침해하는 범죄며, 원치 않는 접촉을 강요하는 상대에게 분명히 반대의사를 표현하여 나중에라도 법적 다툼을 벌일 때 유리한 근거를 만들어야 한다. 누구에게나 내 몸의 주권은 나에게 있고, 내가 직업을 구하거나 금품을 비롯한 다른 어떤 것을 받기 위한 조건으로 원치 않는 육체적 접촉을 강요받지 않을 자유가 있다. 본인이나 본인이 아끼는 사람이 이런 유사한 피해를 당했다면 변호사가 도움을 줄 수 있으며, 전문가와의 상담을 통해 정신적 충격을 최소화할 수 있다.

성희롱과 관련하여 「남녀차별금지및구제에관한법률」 제2조의

2항에서는 "성희롱이라 함은 업무, 고용, 기타 관계에서 공공기관의 종사자, 사용자 또는 근로자가 그 지위를 이용하거나 업무 등과 관련하여 성적 언동 등으로 성적 굴욕감 또는 혐오감을 느끼게 하거나 성적 언동 기타 요구 등에 대한 불응을 이유로 고용상의 불이익을 주는 것을 말한다."고 하고 있으며, 남녀고용평등법에서는 성희롱과 관련하여, "직장 내 성희롱이라 함은 사업주, 상급자 또는 근로자가 직장 내의 지위를 이용하거나 업무와 관련하여 다른 근로자에게 성적인 언어나 행동 등으로 또는 이를 조건으로 고용상의 불이익을 주거나 또는 성적 굴욕감을 유발하게 하여 고용환경을 악화시키는 것을 말한다."고 규정하고 있다.

04

가장 잔인한 히스토리오그래피, 성범죄의 역사

성범죄는 인류의 역사와 함께 해왔다. 아니 어쩌면 역사가 쓰이기 훨씬 오래전부터 지구상에 성범죄는 만연했다. 그때가 언제였을지 아무도 모르지만, 까마득한 과거 어느 날 일부일처제를 실질적으로 유일무이한 가정 형태로 확립했던 동굴인들은 서로의 아내를 건드리지 않는 것을 상호 불가침 조약으로 삼았을 것이다. 그리고 그때부터 질기게 그 생명력을 유지했던 여성에 대한 정절 요구가 시작되었을 것이다. 그럼에도 법도 없고 공권력도 없던 시절, 성범죄는 끊임없이 일어났다. 피임약이 있을 리 없고 유전자 검사가 가능할 리 만무했으니 피해자는 자신을 강간한 가해자의 씨앗을 배에 품고 열 달 동안 숨죽여 살 수밖에 없었고, 그렇게 범죄는 생명을 잉태하여 가계를 이었다. 그 성범죄자의 유전자를 고스란히 대물림한 또 다른 자손은 자신의 어머니, 혹 할머니가 겪었던 피해를 옆 동굴에 사는 또 다른 대상에게 그대로 되돌려주었다.

역사책의 거의 매 페이지마다 성범죄의 기록을 찾을 수 있다. 고대 그리스의 문헌에서부터 『성서』, 그리고 초기 탐험가들의 서한에 이르기까지 성범죄는 오랫동안 인간의 잔인성을 증명해주는 대표적인 에피소드였다. 그리고 우리가 익히 알고 있듯이, 모든 역사는 승자의 기록이며 동시에 남성의 기록이기 때문에 어떤 면에서 인류의 역사는 성폭력의 피해자가 아닌 가해자의 역사라고 할 수 있다.

인류의 역사는 성범죄의 역사다

누적된 역사의 기록에서 대부분 피해자의 위치에 있었던 여성은 철저히 지워졌으며, 그들의 이름도, 나이도, 모습도 남기지 않았다. 오로지 역사책 한 귀퉁이에 누구의 씨앗을 받았는지, 그래서 그녀가 어떤 집안의 가계를 이었는지만 남았다. 어떤 성범죄는 별 볼 일 없던 인물을 새로운 영웅으로 올려놓거나, 역사의 수레바퀴를 전혀 다른 방향으로 돌려놓기도 한다. 그렇게 역사에 남은 성범죄 사건

중 몇 가지만 살펴보자.

인간 사회를 파고들었던 성범죄의 존재는 고대법을 통해서 확인할 수 있다. 인류가 남긴 가장 오래된 고대법으로 꼽히는 함무라비 법전에는 처녀를 강간한 자에게 사형을 선고한다는 기록이 남아 있다. 피해자인 처녀에게는 아무런 죄도 묻지 않았다. 반면 남편을 둔 유부녀를 강간한 자는 간통죄로 간주되어 물에 빠트려 익사시켰고, 피해자인 유부녀에게도 역시 동등한 책임을 물어 가해자와 함께 물에 빠트렸다. 다만 피해자의 남편에게는 물에 빠진 아내를 강에서 끌어내어 구출할 수 있는 선택권이 주어졌다. 아내가 자신을 속이고 외간 남자와 정을 통했는지, 아니면 정말 성범죄의 피해자인지 판단할 권한을 남편에게 위임한 것이다. 반면 토판에 쐐기문자로 남아 있는 고대 아시리아의 법률을 재구성해보면, 그들이 함무라비 법전과 달리 성범죄를 어떤 관점에서 다루었는지 간접적으로나마 알 수 있다. 그들은 특히 '눈에는 눈 이에는 이'라는 동해복수법talion을 갖고 있었는데, 예를 들어, 처녀가 강간을 당하면 그녀의 아버지에게는 자신의 딸을 강간한 가해자의 아내를 마음껏 강간할 수 있는 권한이 주어졌다.

성범죄에 대한 유대인들의 법적 기준은 주로 『구약성서』에서 찾을 수 있는데, 그들은 이를 흔히 '모세의 율법'이라고 불렀다. 도시 성곽 안에서 처녀가 강간을 당했다면, 피해자가 얼마든지 소리를 질러 도움을 요청할 수 있었다고 판단하여 가해자와 함께 돌을 던져 죽였다. 강간죄가 아니라 간통죄로 판단한 것이다. 만약 도시 밖에서 강간을 당했다면 피해자는 강간범과 결혼해야 했고, 그는 그녀의 아버지(장인)에게 정당한 결혼지참금을 지불해야 했다.* 반면 처녀가 이미 약혼을 한 상태였다면 강간범은 돌팔매질을 당했고, 피해자는 싼값에 다른 남자에게 팔렸다. 유부녀가 강간을 당했다면 간통죄로 강간법과 함께 돌팔매질을 당했다. 이 경우 함무라비 법전에서처럼 남편에게 즉결심판을 받아 돌을 맞는 아내를 구할 권리가 주어지지 않았다.

고대 로마에서는 처음에 강간을 '랍투스raptus'라 하여 남성의 보호 하에 있는 여성이 납치된 것을 성관계가 아닌 재물 손괴로 간주했다. 4세기, 콘스탄티누스 황제는 이 랍투스를 사형에 처하는 중

---

* "처녀인 여자가 남자와 약혼한 후에 어떤 남자가 여자를 성읍 중에서 만나 동침하면 너희는 그들을 둘 다 성읍 문으로 끌어내고 그들을 돌로 쳐 죽일 것이니 그 처녀는 성안에 있으면서도 소리 지르지 아니하였음이요 그 남자는 그 이웃의 아내를 욕보였음이라. 너는 이같이 하여 너희 가운데에서 악을 제할지니라. 만일 남자가 어떤 약혼한 처녀를 들에서 만나서 강간하였으면 그 강간한 남자만 죽일 것이요 처녀에게는 아무것도 행하지 말 것은 처녀에게는 죽일 죄가 없음이라. 이 일은 사람이 일어나 그 이웃을 쳐 죽인 것과 같은 것이라. 남자가 처녀를 들에서 만난 까닭에 그 약혼한 처녀가 소리 질러도 구원할 자가 없었음이니라."(「신명기」 22장 23~27절))

범죄로 규정했다. 이 처벌에는 납치나 강간에 암묵적으로 동의한 여성도 물론 포함되었다. 이후 랍투스는 강제 유괴 또는 강제 성행위로 정의되기 시작했는데, 바로 이 용례에서 오늘날 강간을 뜻하는 영단어 '레이프rape'가 파생했다. 6세기, 유스티니아누스는 랍투스법을 개정하여 여성에 대한 성범죄로 규정했고, 사실상 남편에 대한 범죄였던 유부녀의 강간죄 외에 미혼 여성이나 미망인, 수녀의 강간죄도 추가되었다. 그러나 이 법에 매춘부들은 포함되지 않았다.

오늘날 영국법의 모태가 된 고대 켈트 법에서 강간은 여성에 대한 범죄로 인정되어 벌금으로 처벌될 수 있었다. 그들은 강간을 여성의 의사에 반하여 위력에 의해 벌어지는 강제 강간과 여성이 동의하지 않는 음주 또는 정신질환으로 인한 강간으로 정의하였다. 강간을 당한 여성은 반드시 즉각 소리를 쳐서 주변에 도움을 요청해야 했고 그렇게 하지 않았을 때 강간은 간통으로 돌변했다. 단 길거리 창녀나 매춘부처럼 문란하고 정절을 지키지 않는 여성들은 이러한 법의 보호를 받지 못했다. 그들은 돈을 받고 자신의 몸을 팔았기 때문에 성관계에 어느 정도 자의성이 있다고 판단했다.

10세기, 앵글로색슨 지역에는 성폭행에 관한 다양한 수준의 법이 확립되었고, 그 기준과 처벌도 다양했다. 여성의 의사에 반하는 강제 성교에 대한 가장 가혹한 처벌은 사형과 거세, 그리고 강간한 가해자가 키우던 말이나 개를 찢어 죽이는 것이었다. 그러고 나서 강간범의 재산은 모두 몰수되어 피해자에게 합의금으로 주어졌다. 물론 현실적으로 이 정도 수위의 처벌은 드물었고, 권력자들이 보호하는 고위층 피해자들의 경우에 주로 적용되었다. 이에 따라 노르망디에서 영국해협을 건너 앵글로색슨 왕국을 정복한 윌리엄 1세는 강간죄에 대한 보편적인 처벌로 거세와 눈알 뽑기를 시행했다. 12세기, 영국 내 여성 강간 피해자들은 가해자에 대해 민사소송을 제기할 수 있었고, 이는 배심원들에 의한 재판으로 이어졌다. 물론 소송을 제기하는 것이 피해 당사자에게는 매우 부담스러운 일이었는데, 그 이유는 모든 배심원들 앞에서 공개적으로 자신의 몸을 보여주며 강간의 흔적을 입증해야 했기 때문이다. 게다가 가해자가 강간을 부인할 경우에는 문제가 더 복잡해졌다. 이 경우 네 명의 여성들이 피해자가 더 이상 처녀가 아닌지 확인하기 위해 그녀의 성기를 면밀히 검사해야 했다. 이때 가해자가 제기할 수 있는 변론이라고는 피해자의 동의하에 같이 잤다고 주장하는 것뿐이었다.

13세기 말, 의회를 통과한 웨스트민스터 법령은 강간법을 크게 변화시키는 관문이 되었다. 이 법은 강간죄가 후궁과 첩, 창녀를 포함한 미혼이든 기혼이든 모든 여성에게 동일하게 적용된다고 규정했다. 나아가 강간범을 상대로 한 소송을 피해자의 가족이 제기하지 않더라도 왕실이 대신 기소할 수도 있었다. 근본적으로 이는 웨스트민스터 법이 강간을 단순한 재물 손괴처럼 한 가족에 대한 범죄가 아니라 국가에 대한 범죄로 정의했다는 사실을 의미한다. 하지만 강간과 간통을 구분하기 위한 최소한의 장치는 여전히 존재했다. 피해자로 자처하는 여성들은 평소 정절을 지키는 여성이었는지 평판이 중요했고, 자신이 강간을 당했다는 주장에 제3자의 지지를 받아야 했으며, 강간을 당한 즉시 이 사실을 보고해야 했다.

영국 본토에서 시행되었던 법은 신대륙 발견과 함께 아메리카 대륙으로 건너갔다. 남북전쟁 이전의 미국은 노예 여성들의 강간은 범죄로 간주하지 않았다. 노예들은 인권을 갖춘 정상적인 인간이 아니라 하나의 물건이자 소유주가 법적으로 보유하고 있는 재산이었다. 일찍이 1662년 버지니아 주를 다스리던 버지스 가문은 백인 지주와의 간통이나 강간으로 노예 여성이 낳은 아이들도 노예라는 법안을 세웠다. 그 아버지가 백인이든 흑인이든 상관없이 어머니가 노예라면 그 사이에서 태어난 아이는 자동으로 노예가 될 수밖에 없었다. 이른바 '한방울원칙one-drop principle'이라 불린 관습법이 20세기 중반 짐크로 법이 완전히 폐기될 때까지 미국 사회를 오랫동안 지배해왔다. 이 시대를 배경으로 한 영화 「바람과 함께 사라지다」에 보면, 노예제를 바탕으로 한 미국 사회에서 성범죄에 대한 노예 여성의 인권은 전무했음을 쉽게 알 수 있다.

이러한 상황은 양대 세계대전이 끝난 1960년대 이후 인권에 대한 인식이 개선되면서 차츰 변화를 맞았다. 20세기, 다양한 목표를 가진 수많은 인권운동들이 일어났는데, 페미니스트운동이 대중의 지지와 힘을 얻기 시작하면서 1970년대 강간반대운동anti-rape movement이 미국에서 일어났다. 과거에는 사적인 범죄로 치부되었던 문제들이 공적 문제로 논의되기 시작했고, 이 시기 즈음에 여성 낙태권 보장과 함께 성범죄도 새로운 시각에서 바라보게 되었다. 또한 1960년대 많은 여성들이 노동시장에 진입하면서 강간 사건도 극적으로 증가하면서 성범죄에 대한 공론화가 사회적으로 비등해진 면도 있었다. 특히 1974년, 노스캐롤라이나 주 60대 백인 교도관이 흑인 여성 조앤 리틀Joan Little을 강간한 사건은 미국에서 성범죄의 심각성과 강간 공포에 대한 대중의 관심을 불러일으켰다. 이러한 변화들로 인해 미국의 강간법은 이후 20년 동안 크게 개선되었고, 성범죄에 대한 사회적 인식도 드라마틱하게 바뀌었다. 강간은 여성을 억압하고 여성에 대한 통제력을 행사하려는 남성 사회의 욕망을 드러내는 단적인 무기였다.

"내 남자 내여자를 지키지 못하는 원인"

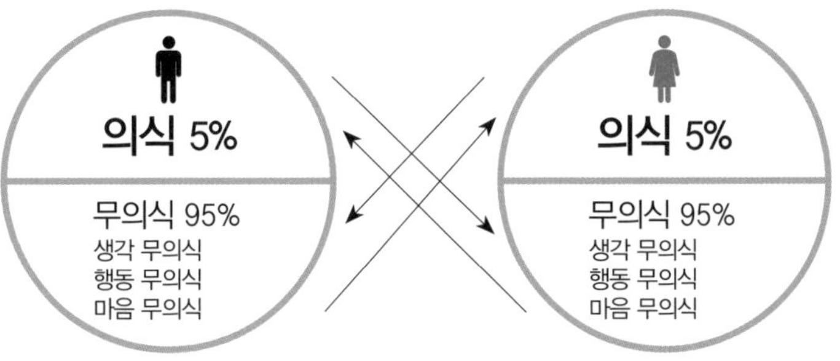

[남녀의 상반성]

여자는 남자와 건강한 인간관계를 맺으면서 성적으로 엮이지 않기를 원합니다. 아내의 경우, 남편의 마음을 건강하게 잡아주면 성적인 문제를 일으키지 않을 것이라고 기대합니다. 나이가 많은 여자일수록 혹여라도 남편이 외도나 성적 문제를 일으키지 않을까 노심초사합니다. 그러면서도 남자의 마음이나 심리를 아는 여자는 그리 많지 않습니다. 사랑하는 내 남자와 내 아들을 지켜주고 더불어 자신의 마음도 지키며 행복하게 살기 위해서는 무엇보다 남자의 상반된 성심리를 알아야 합니다. 남자와 여자는 마음과 성심리의 작용이 근본적으로 다릅니다. 같은 상황, 같은 사건을 보면서도 남자와 여자의 무의식과 마음의 에너지 작용이 다르기 때문에 느끼는 감정두 다르고 표현 방식도 다릅니다. 이렇게 말하면 남녀가 다르다는 건 다 알고 있다고 모두 말합니다. 그런데 그냥 다르다는 말만 알고 있을 뿐입니다. 마음과 무의식의 작용이 어떻게 다른지는 전혀 모르고 있습니다. 그리고 안타깝지만 자기가 모르고 있다는 사실도 모릅니다. 인터넷이나 유튜브, 도서 등 다양한 정보를 통하여 남자와 여자가 다른 것을 단편적으로 알고 있을 뿐 남녀의 상반성을 제대로 알고 있는 사람은 거의 없습니다. 그래서 수년간 노력해 왔던 성적 문제를 해결하지 못하고 날로 범죄의 기법만 지능화되어 가고 있는 게 현실입니다. 모든 문제의 해결은 남자와 여자가 의식과 무의식이 반대로 설정되어 있다는 사실을 아는 것에서 출발합니다.

❖ 「타르퀴니우스와 루크레티아(Tarquin and Lucretia, 1571)」 티치아노 베첼리오(Tiziano Vecellio) 작, 영국 캠브리지 피츠윌리엄박물관(Fitzwilliam Museum)에 소장.

chapter 2

—

성범죄 가해자, 그들은 누구인가

"유죄가 입증될 때까지 모두는 무죄다. 그러나 나는 아니었다.
사실을 말한다고 입증될 때까지 나는 거짓말쟁이다."

—성폭력 피해 경험을 밝힌 미국 작가, 루이스 오닐—

미국의 「뉴욕타임스」가 수십 년에 걸쳐 유명 영화 제작자가 지속적으로 여성들을 성적으로 사냥해왔다는 폭로 기사를 게재할 때만 해도 미국 할리우드 영화계의 거물이었던 하비 와인스타인의 성비위를 의심하는 사람은 별로 없었다. 하지만 이후 실시간 뉴스를 통해 속속 드러나는 그의 추잡한 성적 비행과 수십 명이 넘는 피해 여성들의 인터뷰가 공개되자 미국을 넘어 전 세계 영화팬들은 그의 집요한 성범죄에 아연실색했다. 와인스타인은 할리우드에서 영화 제작자이자 스폰서로 활동하던 30여 년 전부터 주연 및 조연 배우와 영화사 여성 직원, 모델들에게 지위와 신분을 가리지 않고 성희롱과 성추행을 자행해왔다. 그는 대놓고 사석에서 여러 여배우들과 성관계를 가졌다고 자랑했으며, 자신이 점찍은 여성을 대상으로 자신과 성관계를 가지면 영화계에서 성장하는 데에 도움을 주겠다고 접근했다. 이러한 문제가 불거지기 전까지 와인스타인은 최소 피해여성 8명과 자신의 성추행 문제로 합의를 한 적이 있을 정도였다니 성범죄자를 넘어 치료가 필요한 성도착자가 아니었을까?

그는 평소 스스로 페미니스트를 자임하고 나섰는데, 성추문이 폭로되면서 이런 여성 인권적 행보가 도리어 자신의 숨겨진 성욕을 채우기 위한 허울 좋은 방편이 아니었는가 하는 의혹을 받았다. 사회적으로 커다란 파문이 일자, 그는 "자신이 활동했던 과거 70년대 영화계 분위기가 전반적으로 그랬고, 자신도 모르게 그런 문화에 젖어 있었던 게 잘못이라면 잘못이다."라며 "피해자들이 저의 행동에 불쾌감을 느꼈다면 진심으로 사죄를 드린다."고 밝혔다. 하지만 그를 향한 미투는 점점 그 숫자가 늘어만 갔고, 거의 80여 명에 이르는 여성들이 집단으로 와인스타인을 고소하기에 이르면서 결국 그는 법정 구속되고 말았다. 이후 그는 교도소에 수감 중에 법정에서 성추행 혐의로 23년형을 받았는데, 이후 추가 범행이 속속 드러나면서 최근에는 종신형을 받을 수도 있다는 이야기가 흘러나오고 있다. 영국 왕실은 2004년 그에게 수여했던 3등급 명예장을 박탈했고, 아카데미 시상식을 주최하는 미국 영화예술과학아카데미는 와인스타인을 완전 제명했다. 한 명의 기라성 같던 영화계 인물이 그렇게 몰락하는 데에는 채 2년이 걸리지 않았다.

성범죄는 범죄다. 그래서 가해자와 피해자를 특정할 수 있다. 하지만 성범죄의 이면에서 작동하는 뒤틀린 성심리는 겉으로 드러나지 않기 때문에 보다 전문적이고 면밀한 추적이 필요하다. 그간 16년 간 필자의 상담소를 찾는 많은 가해자와 피해자를 분석하며 내린 하나의 결론은 남녀의 성심리가 갖는 무의식의 상반성을 이해하지 못할 때 왜곡된 무의식의 성심리가 만들어지고 이는 어김없이 성범죄로 표출된다는 사실이다. 우리가 믿었던 유명인사가 성범죄로 무너지는 상황을 보면서 그가 좀 더 일찍 이러한 왜곡된 성심리를 들여다보았더라면 얼마나 좋았을까 하는 아쉬움을 갖는 건 필자만의 생각일까? 이번 장에서는 이렇게 성범죄를 낳는 왜곡된 성심리에 대해서 하나씩 살펴보도록 하자.

읍소형 begging type	반성과 뉘우침을 드러내고 피해자에게 잘못했다고 사과하는 이들 "다시는 안 그럴게. 잘못했어." "다시 그러면 내가 사람이 아니다."
회피형 avoidance type	사과와 용서는 하지만 자신의 잘못을 전혀 뉘우치지 않는 이들 "미안하기는 한데, 그렇다고 너도 그렇게 잘한 건 아니잖아?"
몰두형 indulgence type	사과와 반성 없이 지속적으로 희롱과 추행을 반복하는 이들 "나도 어쩔 수 없어." "니 생각만 나."
전가형 attribution type	자신의 잘못을 피해자나 주변 환경 탓으로 돌리려는 이들 "그때 니가 나를 받아줘서 이렇게 된 거야." "술이 웬수지."
폭행형 violence type	폭언과 폭행을 일삼으며 피해자를 감금하고 때리는 유형 "넌 맞아야 돼. 그래야 내 기분을 알 거야."
낭만형 romantic type	범죄를 사랑이라고 포장해서 피해자에게 마음을 고백하는 이들 "널 좋아하기 때문에 이러는 거야." "이래도 내 맘을 모르겠어?"

성폭력 가해자의 여섯 가지 유형

읍소형:
반성과 뉘우침을 갖는 유형

강간범들의 심리를 집요하게 연구했던 미국의 심리학자 니콜라스 그로스Nicholas Groth는 그의 저서 『강간하는 남자들』에서 강간 가해자를 세 가지 유형으로 구분했다. 권력형 강간범, 분노형 강간범, 가학형 강간범이 그것인데, 우선 **권력형 강간범**은 힘에 호소한다. 이 유형의 강간범에게 강간은 자신의 부족함에 대한 감정을 보상하는 방법의 하나로 활용된다. 영화 「악마를 보았다」에서 연쇄 강간살해범으로 등장하는 장경철이 대표적인 유형으로 이들에게 강간은 자신의 힘을 보여줄 수 있는 출구가 된다. 장경철이 영화 속에서 피해 여중생에게 외친 "씨발, 내가 너 좋아하면 안 되냐?"는 이 유형의 강간범들이 갖는 전형적인 사고를 잘 보여준다. 이들은 피해자를 성적으로 정복했다는 만족감에 대한 환상을 갖는 경향이 있다. 따라서 저항하는 피해자는 도리어 그들의 판타지를 나쁜 쪽으로 부추길 뿐이다. 나르시스트가 칭찬을 빨아먹고 사는 것처럼, 권력형 강간범은 권력과 피해자의 지배를 숙주 삼아 살아간다.

분노형 강간범은 피해자를 모욕하고 비하하고 신체적으로 괴롭히거나 다치게 하며 쾌감을 느낀다. 먼저 그들은 신체적 폭력과 불경스러운 언어를 통해 피해자에 대한 경멸을 표현한다. "이 걸레 같은 년, 너 같은 건 맞아도 싸!" 이들에게 강간은 피해자를 더럽히고 품위를 떨어뜨리는 무기며, 여성에 대한 내적 분노의 궁극적 표현이다. 영화 「나쁜 남자」에서 연인을 사창가에 팔아버리는 한기와 같은 성범죄자가 여기에 속한다. 이러한 유형의 가해자는 권력형 강간범보다 더 폭력적일 수 있으며, 피해자의 머리를 잡고, 때리고, 땅에 쓰러뜨리고, 발로 밟고, 옷을 찢고, 강간한다. 이때 의식적, 무의식적 분노가 그를 집어삼키며, 강간을 저지른 이후 제 정신을 차리면 스스로 깜짝 놀라기도 한다. 그래서 이 유형은 어떤 유형보다 위험하며 종종 끔찍한 살인으로 이어지기도 한다.

가학형 강간범은 피해자에게 고통을 가하는 행위에 에로틱한 감정을 덧씌운다. 피해자가 고통에 겨워 울부짖을수록 이들의 성적 흥분은 더욱 고조된다. 영화 「거짓말」에 등장하는 조각가와 여고생의 변태적이고 가학적인 채찍질 장면이 여기에 해당한다. 가해자는 피해자에 대한 의도적인 학대를 즐기고 피해자의 고통과 신음, 괴로움, 무력감, 소변, 대변에서 황홀경을 맛본다. 종종 성행위 중에 변장을 하거나 피해자의 눈을 가린다. 이 단계를 지나면 가해자는 더 큰 성적 판타지를 위해 상대를 끈이나 전기줄로 구속하거나 드라이어 혹은 촛농으로 살을 지지는 과정으로 넘어간다. 이 과정에서 피해자의 성기뿐 아니라 전신에 부상과 학대의 흔적이 남게 된다. 보통 직업여성이나 매춘부들이 이들의 손쉬운 표적이 된다.

그로스의 강간범 구분은 오늘날 대부분의 이상심리학 교본에 포함된 성범죄자들의 기초적 구성을 이룬다. 오랫동안 남성들의 성심리를 연구해온 학자답게 그의 관점과 분류가 체계적이고 상당한 분량의 믿을 만한 자료들을 토대로 하고 있기 때문이다. 필자 역시 많은 부분 그의 통찰력이 성범죄를 다루는 데 있어 적잖은 도움이 되어왔음은 부인할 수 없다. 하지만 그의 관점은 지극히 서구적이며, 법리적이다. 게다가 유형 자체가 가해자의 외적 행동에 제한되어 있다. 필자는 오래전부터 성폭력 가해자는 피해자에게 보이는 일련의 행동 양식으로 구분되어야 한다고 주장해왔다. 그래서 그의 심리학적 관점을 우리나라의 사례와 필자의 상담 과정에서 확보한 자료로 보정하면 가해자가 피해자에게 드러내는 행동을 중심으로 크게 여섯 가지 형태로 세분화할 수 있다.

성폭력 가해자는 피해자에게 가하는 행동 양식으로 구분되어야 한다

그중 첫 번째가 **읍소형**인데, 잘못했다고 피해자에게 싹싹 비는 유형이다. 누구나 이름만 대면 아는 부산 소재의 유명 대학에서 학위과정에 있던 대학원생 A씨(20대)는 같은 과정에 있던 선배 K씨(30대)의 고백을 거절할 때만 해도 자신이 이렇게 끔찍한 성범죄에 피해자가 될 거라고는 꿈에도 생각하지 못했다. 4월 신학기, 꽃다발을 건네며 "내가 널 좋아하는 거 같아. 우리 사귀지 않을래?"라며 접근한 K가 마음에 상처를 입지 않도록 나름 정중하게, 그러나 명확하게 두 번이나 거절 의사를 표현했다. "선배, 제가 선배의 마음을 받아들일 수가 없어요. 우리 그냥 좋은 선후배로 남아요." 그러나 K는 그럴 마음이 전혀 없었다. '니가 나를 차버린다고? 니가 감히?' K는 자신이 가지지 못할 바에는 지속적으로 그녀를 괴롭히겠다는 일념뿐이었다.

K가 선택한 방법은 소심한 복수였다. 같은 연구실에 자리를 두고 공부하는 A의 텀블러에 미리 준비해간 자신의 정액과 가래침을 몰래 섞는 방식이었다. 그리고 멀찍이 앉은 K가 곁눈질로 그녀가 아무렇지 않게 커피를 마시는 모습을 보며 야릇한 쾌감과 함께 통쾌한 기분마저 들었다. '이렇게 내 정액이 니 몸속으로 들어갔구나.' 상상은 더 큰 자극을 요구했다. 처음에는 텀블러에 정액을 뿌리는 것만으로도 가슴이 터질 것처럼 긴장이 되었지만, 시간이 갈수록 그는 더 변태적이고 가학적인 방법을 시도해보고 싶어졌다. 그래서 변비약이나 최음제도 타기 시작했다. A가 커피를 마시고 화장실을 들락거리며 괴로워할 때면 이를 지켜보던 K는 날아갈 것처럼 하루가 즐거웠다. 이런 지속적인 괴롭힘은 10개월간 총 54회에 걸쳐 이어졌다. 그는 집요했다. 더 큰 짜릿함이 필요했던 K는 텀블러뿐만 아니라 A가 쓰는 칫솔과 립밤에도 정액을 묻히는 대담함을 보였다. 그녀의 노트북과 태블릿을 망가뜨리는 건 예사였고, 학술회에 참석하려고 대학원생들이 단체로 제주도로 갔을 때에는 A의 방에 몰래 침입해 속옷까지 훔쳤다. 그렇게 훔친 속옷과 사적인 A의 사진들은 혼자 자위를 할 때 사용되었음은 물론이다.

그렇게 묻힐 것만 같았던 K의 비행은 엉뚱한 데에서 들통 나고 말았다. 그는 A에게 성적 테러를 가할 때마다 연구실의 공용 PC에

날짜와 종류, 횟수 등을 세세하게 남겨왔다. 물론 자신의 파일에 잠금을 해놓았지만, 그날은 실수로 K가 미쳐 파일을 닫아놓는 걸 깜박했다. 그 PC를 뒤이어 사용하던 K의 동료는 이상한 파일을 우연히 보게 되었고 바로 경찰에 K를 신고하게 이르며 10개월이 넘는 그의 집착은 막을 내리고 말았다. 재판부는 "피고인은 피해자에게 고백을 거절당한 후 피해자에게 고통을 가하는 것을 통해 잘못된 쾌감을 느끼며 오랜 기간 이 같은 범행을 저질렀다."며 "구토가 나올 정도로 역겹다."는 판시와 함께 K에게 징역 4년을 선고했다.

당시 재판부는 "피해자는 휴대전화나 노트북 분실 등 반복되어 일어난 나쁜 일들이 자신의 탓인 줄 알고 있었으나, 피고인으로 인한 것임을 뒤늦게 알고 연구 활동은 물론 일상적인 인간관계조차 제대로 할 수 없을 정도로 심한 정신적 충격을 받았다."고 했다. 법정에 선 K는 잘못을 철저하게 뉘우치는 모습을 보였다. "정말 잘못했습니다. 선처를 부탁드립니다." 읍소하는 K의 태도에 재판부는 "피고인이 자신의 범행을 인정하고 뉘우치고 있으며 범죄 전력이 없는 점 등을 고려해 양형을 결정했다."며 징역형을 감형했다.

법은 피해자의 마음을 모른다. 그래서 그 어떤 처벌로도 피해자의 마음을 달래기에 부족할 수밖에 없다. 하지만 현행법에서 K와 같은 비행을 처벌할 마땅한 법적 근거를 찾기 쉽지 않다. 현행법은 신체적으로 직접 추행했을 때를 성추행으로 규정할 뿐 커피에 정액을 넣는 행위는 여기에 포함되지 않았다. 판결문에도 「통신비밀보호법」 위반과 절도, 폭행, 상해미수, 재물손괴 및 은닉, 방실 침입 등 6개의 범죄가 나열되었지만, K가 A의 텀블러에 정액을 넣은 행위는 죄로 포함되지 않았던 이유도 여기에 있다. A는 판결을 듣고 오열했다. 그동안 자신이 겪었던 일들로 인해 억울함을 느껴서만은 아니었다. 도리어 앞으로 더 이상 사람을 믿을 수 없을 것 같다는 마음이 이후의 삶을 송두리째 변질시켰기 때문이다.

여기서 하나 명심해야 할 것은 가해자가 자신의 잘못을 반성하고 뉘우치는 것 같아도 실제로 충분히 반성하고 있는 건 아니라는 점이다. 왜냐하면 스스로도 자신의 정서와 심리를 모르기 때문이다. 진정한 뉘우침을 가지려면 자신의 잘못을 깨달아야 하는데 대부분의 가해자들은 그렇지 못하다. 생각보다 이 부분을 이해시키기가 매우 힘들다. 단순히 이론을 배우는 게 아니라 자신의 감정을 객관적으로 볼 수 있어야 하기 때문이다. 진정한 사과와 반성이 있으려면 자신에 대한 감정을 정확히 이해해야 한다. 피해자 앞에서 읍소하고 잘못했다고 비는 게 능사가 아니다. 이런 유형은 거의 머리로만 잘못을 비는 게 아니라 감정으로 진정 깨닫는 게 필요하다. 자신의 감정을 정확히 깨달은 사람은 다시는 성범죄를 저지르지 않는다. 읍소형에 속아서는 안 된다.

회피형:
용서를 구하면서 뉘우침이 없는 유형

대낮에 요란하게 경찰차가 출동하여 그의 신변을 확보할 때만 해도 J군(20대)은 경기도의 모 전문대에 다니고 있던 평범한 대학생이었다. 군대에서 제대하고 복학한 그는 졸업을 한 학기 남기고 공연음란죄로 약식 처벌을 받는 신세가 된다. 이유는 학내 도서관에 설치된 도서 검색용 PC 바탕화면에 지속적으로 음란사진을 올렸기 때문이다. 그는 개인적으로 미리 준비해둔 하드코어 포르노 사진을 USB에 담아두었다가 여학생들이 주로 이용하는 시간대에 도서관 PC의 바탕화면을 바꾸어 놓는 치밀함을 보였다. 그리고 화면보호기를 켜서 정상적인 PC처럼 위장해 놓았다. 그리고 J는 주변 다른

PC에 앉아서 검색을 하는 척하며 여학생들이 사진을 발견하고 소스라치게 놀라며 비명을 지르는 모습을 몰래 지켜보았다. 언뜻 보면 그는 적당한 먹잇감이 미리 설치해둔 부비트랩에 걸리기를 기다리는 헌터를 닮았다.

사진은 남자의 성기가 적나라하게 표현된 것들로 특히 J가 전날 자취방에서 보았던 영상의 한 장면이었다. 불특정 여학생의 반응이 크면 클수록 그의 성적 판타지 역시 더 커져갔다. 도서관 게시판에 최근 음란사진을 올리는 일이 잦다며 단속을 실시할 테니 주의를 당부한다는 공고가 붙었지만 한껏 달아오른 J의 소심한 비행을 막을 순 없었다. 몇 개월 간 계속된 범행에 심드렁해진 J는 좀 더 자극적인 게 필요했다. 그는 자위하는 쉬메일She-male 배우의 모습이나 게이 포르노의 적나라한 포즈, 상대 이성의 대소변을 먹는 스캇물scat 등 기괴하고 그로테스크한 것들로 사진의 범위를 확장시켰다. '내가 이래도 되는 걸까? 혹시 난 변태인가?' 제어할 수 없는 성적 호기심에 스스로도 정답을 찾지 못한 J는 자신의 행동이 마찬가지로 혼란스러웠지만 이미 그때는 욕망의 노예가 된 자신의 발걸음을 멈출 수 없었다.

왜 이런 일이 일어날까? J는 성도착증에 빠진 전형적인 회피형 성범죄자다. 보통 이상심리학에서 성도착이나 이상성욕, 변태성욕 등을 포괄하는 성도착증은 성적 대상에 대한 과도하거나 비뚤어진 성행위를 탐닉하는 정신적 질환을 말한다. 보통 성교와 사정 등 생리적 현상을 통해 성적 쾌감을 얻지만, 이들은 J군처럼 성행위를 연상시키는 방식을 통해서도 얼마든지 자신의 성적 욕구를 분출할 수 있다. 특히 여고 앞에 등장하는 바바리맨처럼 노출증을 보이거나 상대가 성행위나 자위를 하는 장면을 숨어서 지켜보는 관음증을 드러내기도 한다. J처럼 포르노나 춘화를 보여줌으로 상대가 성적으로 자극을 받는 모습을 지켜보는 심리도 이와 유사하다고 할 수 있다.

이처럼 남자의 성적 표현은 대부분 의도적이고 의식적이다. 남자는 노골적인 성적 표현을 통해 자신의 영역을 표시하고 짝짓기 대상을 향해 요란하게 구애를 하는 번식기의 수컷을 닮았다. 보통 한 무리에서 암컷을 독차지하는 알파메일은 수컷들 중에서 힘이 가장 센 놈이다. 그 밖의 수컷들은 서열상의 지위를 넘어 호시탐탐 도전장을 던진다. 이때 다른 수컷에게는 압도적인 힘을, 암컷에게는 성적인 우월함을 보여줄 필요가 있다. 그런 방식에 자주 동원되는 것이 바로 구애춤이다. 일례로 수컷 논병아리는 암컷 앞에서 요란하게 발을 구르며 수면 위를 질주한다. 이때 자신이 물 위를 더 오래, 더 멀리 걸을 수 있다는 걸 보여주는 게 중요하다. 높은 보폭과 넓적한 발바닥, 그리고 질긴 물갈퀴는 수컷으로서 강인한 체력을 상징하며 지치지 않는 지구력과 스태미나는 성적 능력을 보증한다.

반면 여자의 성적 표현은 대부분 우발적이고 무의식적이다. 여자는 관계에서 사랑과 관심을 받는 상황에 놓였을 때 안도한다. 반면 관심에서 멀어지거나 관계에서 단절을 경험하면 대번 불안해한다. 수컷을 자신의 곁에 두고 몸을 허락하는 암컷의 심리 역시 자신과의 일정한 관계가 담보되었다는 안도감을 추구한다. 암컷은 냉엄한 관객이 되어 수컷들의 구애춤을 보고 개중에서 가장 강하고 주도적인 수컷, 그래서 교미를 통해 자신과의 관계를 선명하게 그릴 수 있는 대상을 선택한다. 이를 생물학에서는 자연계의 **성선택**sexual selection이라고 한다. 하지만 인간은 이러한 동물들의 관계에서 찾을 수 없는 복잡한 성심리가 작동한다. 이 부분은 뒤에서 자세히 다룰 예정이다.

남자의 성적 표현이 의도적이고 전략적이라면,
여자의 성적 표현은 대부분 우발적이고 무의식적이다

결론적으로 **회피형**은 용서를 구하면서도 자신의 잘못을 뉘우치지 못한다. "미안해, 잘못했어."라고 말은 하지만 정작 자신의 잘못이 무엇인지 인지하지 못하는 유형이다. 그러면서 회피형은 피해자에게 성폭력을 넘어선 또 다른 고통을 피해자에게 떠넘긴다. "미안하긴 한데, 그래도 너도 그때 나를 받아줘선 안 되는 거 아냐?" 잘못에 대한 회피는 책임의 전가로 이어질 수 있다. 그런 의미에서 회피형과 전가형은 동전의 양면과 같다. 회피형은 잘못을 뉘우쳐야 하는 상황을 언제나 회피하며 상황 복기를 하지 않기 때문에 똑같은 문제에 다시 빠질 우려가 있다.

회피형은 평소에 다른 부분에도 회피적 사고 패턴을 보이는 경우가 많다. 회피적 사고방식은 예상 가능한 삶의 부정적인 결과나 어려움, 도전에 대한 책임을 애써 회피하거나 부정하는 경향을 특징으로 하는 인지적 패턴이다. 이러한 사고방식은 개인적인 관계나 일, 인간관계, 학업적인 환경과 같은 다양한 맥락에서 볼 수 있다. 회피적 사고방식을 가진 사람들은 종종 실패나 거절에 대한 두려움을 가지고 있으며, 부정적인 결과의 가능성을 피하기 위해 위험을 감수하거나 새로운 시도를 하는 것을 피한다. 그들은 또한 어려운 일이나 상황에 직면하는 것을 피하기 위해 외면하고 회피하는 자기 파괴적인 행동을 할 수도 있다. 대표적인 것이 **수동 공격**이다. 수동 공격은 자신의 부정적인 감정이나 생각을 겉으로 드러내지 않고 교묘하고 간접적인 방식으로 표출하는 전략이다. 연구에 따르면, 이와 같은 회피 심리는 낮은 성취 수준, 열악한 정신 건강, 그리고 스트레스와 불안, 역기능 가정에서의 양육 등 부정적인 환경에 잉태되며, 이것은 이성 관계에도 그대로 확장된다. 회피형이 읍소형보다 더 무서운 것은 모든 것에 이러한 이중적인 가면을 쓰고 상대를 대하기 때문이다.

03

몰두형:
희롱과 추행을 지속하는 유형

유명 소셜커머스업체 사장 B씨(50대)는 평소 손버릇이 나쁜 것으로 유명했다. 벌써 수년째 회식 자리에서 술이 거하게 취하면 여성 직원들을 양옆에 끼고 각종 음담패설을 늘어놓는 습관을 고치지 못한 것. 노래방에 불려나가 사장과 강제로 돌아가며 브루스를 춰야 하는 여성 직원들은 매달 돌아오는 회식이 고역이었고, 실제 이 문제로 퇴사한 여직원도 있었다. 회식 일정이 있었던 그날도 직원 S씨(30대)는 아침부터 사장 B씨의 더러운 술버릇 걱정으로 머리가 다 아플 지경이었다. 역시 사장 B는 달큰하게 취기가 돌자 회식 자리를 파하고 직원들을 데리고 2차로 노래방을 갔다. 거기서 그는 싫다는 S의 어깨에 팔을 두르고 볼에 입을 맞추었다. “흐흐, 입에서 달달한 사과 냄새가 나네?” “사장님, 이제 그만하시죠.” 식당에서 옆에 앉힌 채 허벅지를 떡 주무르듯 만지작거렸던 사장의 손길을 계속 참았던 S는 천천히 종용하는 말투로 성추행을 멈춰달라고 부탁했다.

그러나 B의 행패는 계속 이어졌다. “너랑 자면 어떤 느낌일까? 야, 함 주라. 모텔은 역삼동 근처가 좋으니 거기 가자.” 급기야 그는 노래방 화장실 입구에서 강제로 S의 입을 맞추고 성관계를 하고 싶다고 그녀를 남자화장실 안으로 끌고 들어가려고 시도했다. 그가 화장실 문을 열어둔 채 막무가내로 자신의 옷을 벗기려고 하자 결국 참다못한 피해자는 얼떨결에 B의 따귀를 때리고 울면서 노래방 밖으로 뛰쳐나갔다. 그렇게 순식간에 분위기가 싸늘하게 식어버렸다. 상황을 수습하기 위해 S를 뒤따라 나간 회사 상사는 밖에서 그녀를 붙잡고는 좀 더 참아라, 사회생활이란 게 다 그런 거 아니겠냐며 회유하기 시작했다고 한다. 그 말에 더 어이가 없고 기분이 나빠진 그녀는 “죄송해요. 저 더 이상 못 하겠어요.”라며 그대로 귀가해버렸다. 그리고는 그 다음 날 성추행으로 사장 B를 고소하기에 이르렀다.

그러나 불의에 맞서 용기를 낸 S에게 닥친 시련은 산 너머 산이었다. 무엇보다 그녀는 그 따귀 한 번으로 5년 이상 잘 다녔던 회사를 그만둘 수밖에 없었다. 성추행 피해자는 자신인데, 왜 자신이 직장도 잃고 경력이 끊어져야 하는지 도무지 이해할 수 없었다. 그러나 더 큰 고통은 사장 B의 안하무인이자 적반하장의 태도였다. 그는 조사과정에서 평소 여직원과 술 마시는 자리에서 한두 번 정도 머리를 쓰다듬거나 껴안는 행동은 했지만 어깨동무를 하거나 허리감기나 키스, 가슴만지기, 성기만지기 등의 신체접촉은 절대 한 적이 없다고 딱 잡아뗐다. "못 믿겠으면 같이 동석한 사람들한테 물어보세요." 자기가 S를 성추행했다는 주장은 모두 그녀의 일방적인 거짓말이며, 평소 회식자리에서 여성으로서 행실이 부적절하던 그녀가 당일도 늦게 귀가하자 예비 약혼자에게 핑계를 대기 위해 악질적인 이야기를 꾸며냈다고 도리어 자신이 억울하다고 소리를 질렀다. 하지만 CCTV는 당시 상황을 모두 지켜보고 있었으며, S는 그렇게 자칫 누명을 쓸 수도 있던 상황을 어렵게 벗어날 수 있었다. 결국 국가인권위원회법 제2조 3호에 따라 이러한 사장 B의 행동이 성희롱에 해당하며 피해자가 이 일로 정신과 치료를 받고 결국 사직하는 등 정신적 물질적 피해가 상당하므로 피해자에게 손해배상금으로 오백만 원을 지급할 것을 권고했다.

몰두형은 피해자의 거부에도 불구하고 지속적으로 자신의 추행을 멈추지 않는 유형이다. 이들은 24시간 내내 성적인 내용만 머릿속에 떠올리는 사람, 도착적이고 편집적인 성격을 지닌 사람, 내가 느끼면 상대도 느낀다고 판단하는 자기중심적인 사람들이다. 그래서 이들을 조사하면 "상대도 내 감정과 같을 거예요. 싫다면 거절을 했겠죠."라며 적반하장식의 반응을 보인다. 상대에 대해서는 "에이, 좋으면서 괜히 튕기기는…."이라는 말을 한다.

몰두형은 자기중심적인 가해자가 종종 보이는 유형이다

최근 메타버스가 등장하면서 온라인에서도 이런 몰두형 성범죄를 종종 확인할 수 있다. 비근한 예로는 영국의 한 여성이 메타(전신 페이스북)가 개발한 가상게임 호라이즌 월드에 들어갔다가 60초도 안 되서 3~4명의 남성 아바타들에게 언어적, 성적 희롱을 당한 사례가 있다. 당시 남성(으로 보이는) 아바타들은 그녀의 아바타를 둘러싸고 집단적 린치를 가하며 "왜 그래? 너도 좋아하잖아?" 같은 메시지를 던지며 희롱했다. 그녀가 저항하자 아바타의 가슴과 엉덩이를 움켜쥐던 이들은 현장에서 바로 달아났다. 이 사건이 공론화되면서 메타는 이와 유사한 일들이 메타버스 공간에서 재발하지 않도록 대책을 마련하겠다고 밝히며 피해자에게 사과했다.

성범죄 발생의 동기를 학자들은 보통 네 가지로 나누는데, 생리적 동기와 인지적 동기, 정서적 동기, 그리고 발달적 동기가 그것이다. 먼저 **생리적 동기는** 신체적으로 여러 자극에 노출되어 가해자에게 성적 흥분을 일으키면 강간의 조건화가 이루어지며 이 과정에서 흥분이나 발기, 사정 등 신체적 반응으로 생성된 동기다. 포르노나 야동을 시청하거나 폰섹스 등을 시도하다가 성적 판타지를 직접 행동으로 옮기는 경우가 이에 해당한다. 2012년 서울시 광진구에서 비아그라를 먹고 배회하다가 아이를 유치원에 등원시키고 귀가하는 여성을 따라 들어가 성폭행한 사건이 대표적 사례다. 가해자는 아이를 유치원 차량에 태우기 위해 집을 나섰던 여성이 현관을 잠시 열어둔 것을 포착하고 미리 준비해 간 청색 테이프와 과도를 가지고 피해자를 묶고 성폭행을 했다. 가해자는 격렬히 저항하던 피해자를 제압하기 위해 안면을 때리다 결국 피해자를 사망에 이르게 했다.

인지적 동기는 성폭력이나 강간을 피해자에게 베푸는 자비나 선행으로 생각하는 왜곡된 믿음으로 여긴다. **정서적 동기는** 평소 이성에 대한 적개심과 분노가 성폭행으로 발현되는 경우다. 뿌리 깊은 여성혐오나 남성혐오가 대부분 이러한 정서적 동기를 촉발시켜 이성에 대한 성폭행을 낳는다. 이 부분에 대해서는 필자의 전작들에서 많이 다루었으며, 관심이 있는 독자들은 해당 책들을 참고하기 바란다. 마지막으로 **발달적 동기**는 발달과정에서 발생한 정서적, 신체적 문제점들이 성범죄의 원인으로 성폭력을 낳는다. 위 동기들 중에서 생리적 동기가 몰두형 성범죄에 미치는 영향이 가장 크다.

몰두형은 여러 성도착적인 형태를 보일 수 있기 때문에 성범죄 중에서도 TV나 매스컴을 타는 경우가 많다. 물론 직장 내 위계에서 비롯한 성폭력이나 업무상 위력에 의한 성추행 등 다양한 형태로 나타날 수 있다.

전가형:
피해자 탓으로 돌리는 유형

2001년 9/11테러 이후 전 세계는 이슬라모포비아를 앓고 있다. 과거 '평화의 종교'로 불려왔던 이슬람교에 여러 가지 부정적인 평가들이 붙기 시작했고, 무슬림들을 잠정적인 테러리스트로 규정하는 법안들이 속속 만들어졌다. 이러한 움직임은 서구에서 먼저 일어났다. 2005년부터 프랑스 정부는 자국 내 공립학교에서 교사는 물론 학생들도 수업 중에 종교적 신념을 의미하는 복장이나 종교적 상징물, 대표적으로 히잡이나 터번을 착용하는 게 그들의 오랜 정교분리의 원칙인 세속주의에 위배된다며 법으로 금지하였다. 해변가에서 히잡을 쓴 무슬림 여성들이 더 이상 활보할 수 없게 되면서 전 세계는 이슬라모포비아가 한 나라에서 정책의 하나로 승인되는 결과를 목도하게 되었다. 많은 사람들이 이 법안이 히잡이나 니캅 등을 착용하는 무슬림 시민을 저격하며 이슬라모포비아를 조장한다고 비판했지만, 여전히 얼굴을 가리는 옷을 입으면 벌금과 더불어 시민권 수업을 들어야 했다.

부르카를 금지하는 법안을 발의하는 과정에서 당시 프랑스 대통령이었던 사르코지는 이렇게 말했다. "부르카의 문제는 종교적인 문제가 아니라 자유와 여성의 존엄성의 문제입니다. 종교적 상징이 아니라 복종과 비하의 표시입니다. … 부르카는 프랑스에서 환영받지 못합니다. 우리나라에서는 사회생활에서 단절되고 정체성이 박탈된 장막 뒤에 있는 여성 포로를 받아들일 수 없습니다." 어떤 면에서 이런 반응은 맞으면서도 틀리다. 먼저 많은 이슬람학자들은 여성이 길거리나 공공장소에서 자신의 신체 일부를 드러내는 것이 남성에게 불필요하게 성적 욕구를 불러일으킨다고 주장한다. 이들이 여성에게 히잡이나 부르카를 씌우려는 목적은 종교적 목적이라기보다는 오로지 남성의 성욕을 자극하는 상황을 미연에 방지하려는 데 있음을 밝힌 것이다. 정말 그럴까?

성범죄를 저지른 많은 가해자들이 많이 쓰는 변명 중 하나가 이런 것이다. '여자가 단정치 못해서 남자들이 강간을 한다.', '여자가 짧은 치마를 입으니까 남자들이 건드리는 거 아닌가.', '밤에 돌아다니고 남자랑 술을 마시는 여자가 성범죄의 표적이 되는 건 당연한 일이다.', '여자가 먼저 꼬리를 치고 다니니까 남자라고 배길 수 있겠나.', '여자도 좋았으니까 묵묵히 남자의 행동을 받아준 게 아닌가.' 이러한 논리는 모두 여성을 남성에게 순종적이고 관계에서 수동적이며 언제고 남성이 원하면 성욕을 풀어주어야 하는 대상으로 전락시키는 전형적인 주장들이다. **전가형은** 이처럼 성폭력의 책임을 피해자에게 넘기는 유형이다.

전가형은 전형적인 2차 가해자의 형태를 띤다

2022년, 광주에서 일어난 성폭행 사건이 대표적인 사례다. 당시 가해자 남성은 직장 동료들과 함께 간 여행에서 직장 선배의 아내를 성폭행했다. 그는 전남 광양의 한 펜션에서 술에 취한 채 잠이 든 직장 선배의 아내를 성폭행했다. 법정에서 그는 피해자가 먼저 자신을 꼬셨다고 책임을 전가하는 대담함을 보여줬다. "전 억울합니다. 선배의 아내와 잠을 잔 건 잘못이지만, 전 분명 의사를 물어봤습니다. 그때 방에서 먼저 저를 끌어당겼던 건 저 여자였다구요." 이런 유형에 걸린 피해자는 정말 억울하다. 괜히 꼬리 친 여자, 돈을 노린 꽃뱀으로 전락하기 때문이다. 전가형 가해자는 자신이 그 감정을 기억하고 또 다른 감정을 떠올린다는 사실을 모르고 산다.

2015년, 한 여배우가 저예산 영화에서 동료 남자배우에게 성추행을 당하는 사건이 일어났다. 촬영에 들어가기 전 여배우는 15세 영화에 요구되는 수준의 노출이 있을 거라는 짤막한 감독의 공지를 받았다. 감독은 상반신 위주로 찍을 것이며 하반신은 드러나지 않을 것이기 때문에 걱정하지 말라며 여배우를 안심시켰다. 그러나 큐사인이 떨어지자 그녀에게는 악몽이 시작되었다. 상대 남자배우는 난폭하게 여배우의 상의를 찢었으며 발버둥 치는 그녀의 손을 뿌리치고는 거칠게 바지에 손을 넣었다. 그 과정에 브래지어가 뜯어졌고 몸에는 상처까지 났다. 이후 법정에서 밝혀진 사실은 그녀에게 가히 충격적이었다. 감독이 촬영 전 몰래 남자배우에게 여배우를 거칠게 다루라는 세부 디렉션을 주었다는 사실이 밝혀진 것이다.

이 사건은 사회적으로 파장이 컸으며 양측이 1심과 2심이 걸쳐 항소를 하며 대법원까지 법적 다툼을 이어갔다. 핵심은 '연기와 현실을 구분해야 하는가'와 '실제 어느 선까지 행위가 있었는가'였다. 법정에서 남자배우는 손을 바지에 넣지 않았다고 잡아뗐다. 그러면서 자신의 연기가 너무 사실적이어서 당시 상대 여배우가 감정이입을 한 거 같다고 둘러댔다. "내가 한 잘못이라면 감독의 지시를 충실히 따랐던 것밖에 없다. 해당 장면은 가학적이고 만취한 남편이 아내의 외도를 알고 격분하여 폭행하고 겁탈하는 장면이었다. 그럼 그 상황에서 로맨틱하게 연기해야 하는가?" 문제는 이러한 자신의 주장을 고의적으로 언론에 흘리며 유튜브를 통해 심한 욕설과 모욕 그리고 여배우의 신상에 관한 내용을 지속적으로 노출시켜 2차 가해를 했다. 또한 남자배우는 평소 친했던 기자를 동원하여 여배우가 식당에서 먹튀를 하고 금품을 갈취해왔다는 허위 뉴스를 유포하기도 했다.

이처럼 전가형은 남성 중심의 성문화가 만연한 사회에서 흔히 나타난다. 강간에 대한 그릇된 통념과 여성에게만 일방적으로 가해지는 남성 중심적 순결관, 즉 남성의 성적 욕구는 본능적인 것이며 참을 수 없는 것, 그때마다 해소되어야 하는 것으로 보면서도 여성의 성적 욕구는 표현해선 안 되는 것으로 여기는 이중적인 성적 규범이 전가형을 잉태하는 토양이 된다. 성폭력이란 노출이 심한 여성에게 더 빈번히 일어난다는 일부 남성들의 주장은 이미 통계로 반박이 가능하다. 2020년 기준 국내 성폭행 피해자의 절반 이상(52.5%)이 유아와 아동, 청소년으로 분류되는 만 24세 이하였다. 만 18세 이하의 미성년자로 좁혀 봐도 무려 43%에 달한다. 이 통계로 보건대, 소위 미니스커트나 노출이 심한 '야한 옷'과 '강간'과의 연결고리가 희박하다는 점이 명백하다.

2018년에는 성폭력 피해자들이 입었던 옷을 전시하는 '내 잘못입니까?Is it my fault?'라는 전시회가 벨기에 브뤼셀에서 열렸다. 원피스, 중고생 교복, 흰 블라우스와 검은 바지, 트레이닝복, 잠옷, 경찰 제복, 만화 캐릭터가 들어간 어린이 티셔츠까지 다양한 옷이 진열됐다. 얼핏 봐선 전시회보다 바자회에 어울릴 법한 헌 옷들이었다. 통일성도 찾기 어려웠다. 하지만 한 가지 공통점이 있었다. 모두 강간 피해자들이 성범죄를 당할 때 입던 옷이었다. 성폭행범은 '야한 옷'이나 '노출이 심한 여성'보다는 '제압하기 쉬운 상대'를 노린다는 것이 여러 연구를 통해 증명되었다. 문제는 옷에 있지 않다. 여성의 성을 상품화하는 사회 풍토와 성범죄를 남녀 간 단순한 이해의 차이라고 보는 천박함에 문제가 있다.

폭행형:
폭언과 폭행을 가하는 유형

둘은 1년 전까지만 해도 서로 직장 동료로 지내던 사이였다. 전주환(31세)은 20대 후반에 이미 회계사 시험에 합격할 정도로 명석한 두뇌를 갖고 있었고, 서울교통공사에 입사할 때만 해도 동기들 중에 성적이 가장 뛰어나 주변에서 기대를 한 몸에 받았던 재원이었다. 그러나 전 씨는 사람들이 생각하는 것과 달리 은밀한 성적 취향을 숨기고 있었는데, 그것은 바로 불법 몰카였다. 그 역시 여러 번 몰카의 충동을 참으려 했으나 스스로 조절이 되지 않을 만큼 그의 왜곡된 성의식에 깊이 뿌리내리고 있었다. 나중에 조사 과정에서 드러난 사실이지만 그는 여자 화장실에도 몰카를 설치하여 불특정 여성들을 촬영하고 이를 소장해왔다. 그때까지도 몰카 촬영은 그의 괴벽스런 취미로 남아 있었다. 그러던 와중에 입사 동기였던 피해자 A씨(28세)가 화장실에 다녀온 모습을 우연히 카메라에 담게 되면서 문제가 불거지기 시작했다.

평소 A에게 연모의 정을 느끼고 있던 전 씨가 그녀에게 불법 촬영물을 전송하고 이를 가지고 다짜고짜 협박하기 시작한 것. 처음에는 누가 보내는지도 모르는 괴문자를 무시했지만, 점점 수위가 노골적으로 바뀌면서 뒤늦게 블랙메일의 상대가 전 씨라는 사실을 알게 되었다고 한다. 그는 집요했다. 350여 차례에 걸쳐 카카오톡 메시지 등을 보내며 잔인하게 괴롭혔다. 결국 참다못한 피해자 A는 전 씨를 불법촬영과 스토킹 혐의로 경찰에 고소했고, 그는 이번에는 합의를 요구하며 집요하게 그녀를 따라다니기 시작했다. 이 과정을 멈출 수 있었으나, 공권력은 A의 편을 들어주지 않았다. 1차 스토킹 신고 이후 경찰이 전 씨에게 구속영장을 신청했지만, 법원은 도주 위험이 없고 증거인멸의 우려가 없다며 기각했으며, A가 연이어 2차 고소를 하자 이번에는 경찰이 아예 구속영장을 신청하지도 않았다. 결과론적인 이야기지만 이때 법원이 영장을 발부했더라면 어땠을까 하는 생각에 씁쓸한 뒷맛이 가시지 않는다.

2018년에 이미 음란물 유포 등의 혐의로 전과 2범이었던 전 씨가 어떻게 구속영장을 피할 수 있었을까는 여전히 지금까지 미스터리로 남았다. 평소 그는 주변에 A와 자신이 연인이라고 떠벌이고 다녔다는데, 피해자의 변호인에 따르면 A는 전 씨와 사귄 사실조차 없으며 지하철공사에 입사할 때 단순히 동기였을 뿐 깊이 있게 대화를 나누거나 개인적으로 연락을 주고받은 적도 없다고 주장했다. 전 씨는 이후 성폭력처벌법 위반으로 징역 9년을 선고받고 실형을 살게 되자 발등에 불이 떨어졌다. 초조함은 분노와 원한으로 바뀌었고 결국 선고일을 하루 앞두고 피해자의 근무지인 2호선 신당역 여자 화장실에서 미리 준비해 간 칼을 이용하여 피해자를 살해했다. 이후 재판에서 전 씨는 선고 공판 때까지 A와 합의가 안 되면 자기 인생도 끝나니 피해자도 살해하겠다고 마음먹었다고 진술했다. 그렇게 사소하게 시작한 몰카가 결국 한 사람의 무고한 시민을 사망에 이르게 했다. 폭행형 강간범은 폭언과 폭행을 일삼는 유형으로 데이트폭력부터 스토킹에 이르기까지 그 수법도 다양하다.

일찍이 성범죄를 오랫동안 연구해온 범죄심리학자이자 법의학자인 파크 디츠Park Dietz는 성범죄자를 크게 상황형 범죄자와 선호형 범죄자로 나누었는데, 이 구분은 오늘날 사건 현장에서 쓰이는 범죄 프로파일로 널리 인정받고 있다. 필자 역시 경찰과 연계하여 상담을 거친 내담자들을 이 구분을 통해 면담한다. 먼저 **상황형 범죄자는** 특정한 상황에 맞닥뜨렸을 때 충동적이고 기회주의적인 특성을 보이는 성범죄자다. 이들은 기회가 주어지면 언제고 성범죄를 일으킬 수 있는 성향을 다분히 가지고 있다. 예를 들어, 술을 마셨다면 취기에 상대를 성적으로 농락할 수 있으며, 심신미약 상태에서 무의식중에 신체 일부를 건드릴 수 있다고 주장한다. 그래서 이들은 범죄 후 자신의 잘못을 피해자나 상황 탓으로 돌리는 경우가 많다.

상황형 범죄자는 다시 퇴행형 범죄자, 도덕비분별형 범죄자, 성비분별형 범죄자, 부적합형 범죄자로 세분되는데, **퇴행형 범죄자는** 상황 대처 능력이 상대적으로 떨어지고 퇴행적 성격을 보인다는 특징이 있다. 이들은 쉽게 접근할 수 있는 피해자들을 표적으로 삼으며, 아이들을 성인의 대용품쯤으로 보고 성적 학대를 한다. 반면 **도덕비분별형 범죄자는** 도덕적인 분별력을 갖추지 못한 이들로 무엇이 윤리적으로 옳은지 그른지 판단하는 능력이 결여된 성범죄자다. 이들은 딱히 어른들보다 아이들을 선호하지 않으나, 자신들의 이익을 위해 아이들을 이용하는 경향이 있다. 반면 **성비분별형 범죄자는** 성적인 분별력을 갖추지 못한 이들로 주로 성적 실험에 관심이 많고, 지루함으로 아이들을 학대한다. 마지막으로 **부적합형 범죄자는** 사회에 부적응하며 성격적 결함을 지닌다. 불안정하고, 자존감이 낮으며, 아이들과의 관계를 유일한 성적 배출구로 보는 사회적 부적응자들이다.

반면 **선호형 범죄자**는 특정 성적 행위나 대상으로 아이들을 선호하며 아동 성추행의 가장 위험한 범주에 속한다. 흔히 아동성애나 **소아성도착증**(페도필리아)으로 불리기도 한다. 이들은 몸단장에 매우 능숙하고, 기만적이며, 아이들을 유혹하는 생활방식에 전념하는 사람이다. 이 성범죄자 유형은 노동자들보다는 수입이 많은 전문직 종사자들이 더 많은 경향이 있다. 이들은 일반적으로 강한 신뢰관계가 있는 어른들과의 우정을 통해 해당 아이에게 접근한다. 사제나 목회자, 교수, 선생 중에도 이런 유형이 많으며, 피해자들이 자신의 성폭행 사실을 공개하지 않으면 아무도 모른 채 지나간다. 그루밍은 이들의 가장 강력한 무기다. 오랜 기간을 두고 피해자와 점진적인 신뢰관계를 쌓고 이들을 완전히 장악했을 때 서서히 욕망의 본능을 드러낸다. 2019년, 체육계 미투운동을 촉발시켰던 쇼트스케이팅의 심석희 선수를 지속적으로 성추행했던 조재범 코치가 대표적인 경우다. 조 코치는 심 선수가 고등학교 2학년이었던 2014년부터 사제라는 신뢰관계를 바탕으로 그녀를 지속적으로 폭행, 강제추행 및 강간을 자행했다. 미성년자 추행 혐의로 구속되는 상황에서도 "세계 최고의 선수로 육성하고 싶었다."며 자신과의 깊은 관계도 이러한 세계적인 선수로 성장하는 데 불가피한 과정이었다는 뉘앙스의 망언을 해서 전국적으로 공분을 샀다.

그루밍은 미성년자 대상 성범죄자의 강력한 무기다

선호형 범죄자는 다시 유혹형 범죄자, 고착형 범죄자, 가학형 범죄자로 나뉘는데, **유혹형 범죄자는** 그루밍을 통해 아이들을 꼬드기고 그들에게 애정과 관심, 칭찬, 선물 따위를 주며 신뢰관계를 이어간다. 이 마수의 거미줄에 걸려들면 가해자가 법정 구속되어도 피해자는 정서적으로 완전히 지배된 이후기 때문에 그를 위해 탄원서를 작성하기도 한다. 이와 달리 **고착형 범죄자는** 정신적으로 성적 발달이 늦은 경우로, 도리어 아이들에게 애정을 갈구하며, 강박적으로 아이들이나 소녀(소년)에게 끌린다. 어린 피해자를 교회 화장실로 끌고 가 목을 조르고 실신한 상태에서 성폭행을 저지르고 뚫어뻥으로 직장과 성기를 쑤셔 피해자에게 영구적 손상을 가한 조두순 같은 범죄자가 여기에 해당한다.

반면 **가학형 범죄자는** 공격적이고, 폭력에 의해 성적으로 흥분하고, 낯선 희생자들을 목표로 하며, 그 수위가 점점 대담해지기 때문에 극도로 위험하다. 피해자 여학생 음부에 손가락을 넣는 것에서 점차 발전하여 주먹, 위스키병, 야구방망이, 통조림캔까지 집어넣은 엽기적 사건이 미국에서 있었다. 결론적으로 **폭행형**은 성폭력으로도 모자라 피해자를 마구 때리는 유형이다. 이 유형은 근본적으로 분노조절 장애가 있는 경우거나 자신이 평소 가지고 있던 감정을 쌓아놨다가 약한 대상에게 화풀이하는 경우다. 폭행형은 종종 데이트 폭력이나 부부강간 등의 형태로 표출되기도 한다.

06

낭만형:
성범죄를 사랑으로 포장하는 유형

선수들 사이에서 그녀는 이른바 '따까리'로 불렀다고 한다. 2011년부터 유도 코치였던 손 모 코치의 숙소를 청소하다가 성폭행을 당한 신유용 선수를 부를 때 이용했던 별명은 그녀가 그 집단에서 어떤 위치에 있었는지 여실히 보여주는 부분이다. 신 선수는 중고교를 다니며 유도부에서 처음 손 코치를 사제관계로 만났다. 그러나 존경과 배움이 있어야 할 둘의 관계에 중학교 때부터 엽기적인 사건들이 일어나기 시작했다. 손 코치는 청소를 핑계로 자신의 숙소로 신 선수를 불렀고, 그렇게 무방비 상태에서 신 선수는 성폭행을 당했다. 이후 손 코치에게 20번이 넘는 성폭행을 주기적으로 당했고, 고등학교 때에는 유도부 학생들과 동료 코치에게도 소문이 들리기 시작했다. 유도부 사이에서 신 선수를 부르는 별명 '따까리'는 중의적인 표현이었던 셈이다.

그렇게 소문이 돌자, 돌연 손 코치가 하루는 신 선수를 불러 임신 테스트기를 건네며 임신했는지 검사해보라고 재촉했다. 코치의 아내가 남편의 성폭행 사실을 알게 된 것. 이에 손 코치는 꿩지에 불붙은 닭마냥 다음 날 바로 읍내 산부인과로 신 선수를 데려가 초음파검사를 하기도 했다. 그리고 그 자리에서 "지금 500만 원이 있는데 이거라도 줄 테니 마음 풀고 이전 일들은 잊어줘. 혹시 아내에게 전화라도 오면 무조건 아니라고 해."라며 회유하기 시작했다. 물론 신 선수는 코치가 시키는 대로 전화로 코치의 아내에게 "우리 둘은 아무 사이 아니다."라고 잡아뗐지만, 돌아오는 건 코치의 아내가 신 선수를 내연녀로 고소한 것이었다. 이후 수사 과정에서 신 선수가 선수 때 쓰던 다이어리를 제출하며 둘의 관계가 명백히 드러나자 손 코치는 갑자기 눈물을 흘리며 언론을 상대로 사랑 타령을 늘어놓기 시작했다. "신 선수와는 사귀다 헤어지고 다시 사귀고를 반복한 사이였습니다. 우리는 합의 하에 성관계를 했을 뿐이에요."

성범죄자 중에서 이렇게 피해자와 자신이 서로 사랑하는 사이였다고 핑계를 대는 유형을 흔히 **낭만형**이라고 한다. 이들은 범죄 사실을 드러나면 갑자기 우리는 사귀는 사이라고, 진심으로 피해자를 사랑한다고 주장한다. 이들은 성범죄를 한 사람의 인격과 존엄성을 무너뜨리는 강간이 아닌 서로 합의 하에 관계를 가질 수 있는 정상적인 남녀관계라고 믿는다. 최소한 정상적인 관계가 아니었다면 불륜관계 정도로 생각하는 경향이 있다. 이렇게 갑자기 강간범에서 사랑꾼으로 둔갑한다. 이들은 모 TV 드라마에 나와서 유행어가 되었던 "사랑에 빠진 게 죄는 아니잖아?"의 마인드를 갖고 있다.

낭만형의 핵심 특징 중 하나는 자신의 성적 학대 행위를 정당화할 수 있는 왜곡된 사고 패턴을 갖고 있다는 점이다. 그런 의미에서 낭만형은 성범죄자들 중에서 끝판왕이다. 그들은 도리어 성범죄 피해자를 비난하거나, 그들의 행동이 나를 이러한 범죄에 빠지게 했다며 자신의 책임을 최소화하거나, 그들의 행동을 사랑이나 애정의 형태로 합리화하는 것과 같은 인지적 왜곡을 드러낸다. 그들은 자신의 성폭력이 낭만적인 사랑이나 '조금 과격한' 애정 표현이라고 믿고, 자신의 행동이 피해자들을 돌보거나 걱정해서 했던 거라고 둘러댄다. "사랑해서 그런 거예요." "제가 미쳤다고 그랬겠습니까? 다 그녀가 원한 거라구요." 이러한 유형의 사고는 종종 가해자가 자신의 권위나 지위, 관계에서 나오는 권력을 이용하기 때문에 겉으로는 동의를 받은 성관계처럼 보이나 실은 피해자를 정신적, 신체적 영향력을 발휘하여 제압한 것임을 보여준다.

낭만형은 자신의 책임을 최소화하려는 인지적 왜곡을 드러낸다

낭만형은 이러한 왜곡된 사고 외에도 낮은 자존감, 불안감 또는 트라우마나 학대의 이력과 같은 근본적인 감정적, 심리적 문제를 가지고 있을 수 있다. 그들은 또한 건강한 관계와 경계를 확립하는 데 어려움을 겪을 수 있고, 다른 사람들을 통제하거나 조종하는 방법으로 성적 행동을 사용할 수 있다. 물론 이러한 성적 착취나 학대는 결코 정당화되거나 용납될 수 없으며, 피해자의 성적자기결정권을 보호하는 쪽으로 도움과 지원이 이뤄져야 한다. 이는 성범죄에 대한 각종 신화들이 낳은 사회적 인식의 부족을 여실히 드러낸다. 이 부분은 다음 장에서 보다 자세히 다룰 것이다.

"성 범죄의 개념"

[성 범죄의 개념을 정확히 알아야 예방할 수 있다.]

성범죄란 인간관계에서 상대에게 성적으로 범죄를 저지르는 것을 총칭합니다. 넓게 말해서 상대에게 성심리를 표현했을 때 상대가 육체적, 정신적 피해를 입는 모든 행위를 성범죄라고 말합니다. 인간의 내면은 항상 심리와 성심리가 함께 작용하면서 어떤 때는 심리를, 어떤 때는 성심리를 표현합니다. 심리와 성심리가 무엇인지 구분하자면, 일반적인 정보를 처리하기 위해 작동하는 모든 생각을 심리라고 말하며, 그 중에서 특히 성을 표현하는 상태를 성심리라고 합니다. 이처럼 성을 표현할 때는 일반적인 정보에 따라 심리가 작용하기도 하고 동시에 성심리가 작용하기도 합니다. 이때 성범죄가 성립하려면 반드시 성적 표현이 있어야 합니다. 성적 표현을 했는데 상대가 상처를 입지 않았다면 성범죄는 성립하지 않습니다. 반면 상대가 피해 감정이 생겼다면 성범죄가 성립합니다. 이때 신체적 폭력을 포함한 성범죄가 발생했다면 범죄의 발생 여부를 따지는 건 그리 어렵지 않습니다. 이미 법이 잘 갖추어져 있어서 외부로 드러난 범죄는 식별할 수 있기 때문입니다. 하지만 정신적 피해가 발생했을 경우 성범죄를 파악하기란 여간 어려운 게 아닙니다. 사실 성범죄가 발생한 당일보다 시간이 지날수록 피해가 증폭되기 때문에 정신적 성범죄 피해가 물리적 피해보다 더 클 수 있습니다. 이러한 상태는 시간이 지나며 외상후스트레스장애나 트라우마로 발전할 수 있습니다.

피해자가 알아야 할 사항 : 시간이 지날수록 기분 나쁜 감정이 증폭된다면 트라우마가 형성되고 있는 것으로 반드시 심리치료와 함께 증거를 확보해야 합니다.

가해자가 알아야 할 사항 : 가해자의 의도보다는 피해자가 신체적, 정신적 피해를 입었다면 성적 표현을 바로 중단해야 합니다.

❖ 「루크레티아의 강간(The Rape of Lucretia, 1645)」, 아르테미시아 젠틸레스키(Artemisia Gentileschi) 작, 독일 포츠담의 신궁전(Neues Palais) 박물관 소장.

chapter 3

—

가해자의
왜곡된 성인식

“가해자는 진실과 함께 살 수 없다. 반면 생존자는 진실 없이 살 수 없다.
다시 한 번 우리를 무력화시키고 부정할 태세를 취하는 이들이 있다.
우리가 우리의 진실을 주장하지 않는다면, 그것은 다시 환상으로 치부될지도 모른다.”

—미국 작가 크리스틴 옥사나—

그리스 신화에 등장하는 오이디푸스는 오래전부터 지그문트 프로이트를 비롯한 많은 심리학자들에게 인간이 지닌 성심리의 양가성을 보여주는 흥미로운 이야기로 주목을 받아왔다. 자신의 아버지를 죽이고 어머니를 아내로 취한다는 오이디푸스의 불운한 운명은 델포이 신탁을 넘어 근대에 오이디푸스 콤플렉스라는 개념으로 재탄생했다. 이처럼 성욕이라는 개념을 리비도라는 관점에서 바라볼 때, 프로이트가 말한 신경증은 성장 과정에서 우리 모두에게 불가피한 것으로 보인다. 부친 살해는 이드를 억압하는 수퍼에고에 대한 에고의 반란이며, 성적 충동은 궁극적으로 문명의 불안을 야기하고 종교와 문화를 잉태하는 인큐베이터가 된다. 그리스어로 '퉁퉁 부은 다리'를 뜻하는 오이디푸스는 그렇게 왜곡된 성인식의 대표적 인물로 그려진다.

오이디푸스의 운명은 그의 가계를 흐르는 저주에서 이미 결정되었는지도 모른다. 오이디푸스의 아버지 라이오스는 테베의 왕자였는데 한 살 때 부친을 여의고 천애고아처럼 떠도는 신세가 되고, 피사의 펠롭스가 그런 라이오스를 거두게 된다. 그러나 선의의 친절은 재앙의 씨앗이 되고 만다. 펠롭스에게는 눈에 넣어도 아플 것 같지 않은 아들 크리시포스가 있었는데, 그는 제우스도 푹 빠질 만큼 준수한 외모로 이름이 자자했다. 라이오스 역시 크리시포스의 미모에 넋을 잃고, 그에게 전차 타는 법을 가르쳐주겠노라 속여 그를 강제로 강간하고 만다. 이런 배은망덕이 따로 없다. 라이오스의 완력에 동정을 잃은 크리시포스는 치욕을 견디지 못하고 자결하고 만다. 세상이 그렇게 허망하게 아름다운 미소년을 잃자, 제우스의 아내 헤라는 문제의 근원인 라이오스를 벌하기로 마음먹는다. 동시에 크리시포스의 아버지 펠롭스는 아직 태어나지도 않은 라이오스의 아들, 오이디푸스에게 저주를 내린다.

오이디푸스 이야기는 비록 신화의 옷을 입고 있으나, 성범죄 심리를 탐사하는 우리들에게 중요한 교훈을 시사한다. 그것은 성범죄의 씨앗은 왜곡된 성인지로 만들어지며, 그 씨앗으로부터 발아한 싹은 자신의 삶과 어쩌면 자녀의 운명까지 바꾸어놓을 만큼 삶에 어두운 그림자를 드리울 수 있다는 점이다. 남녀의 상반된 무의식에 기반을 둔 왜곡된 성인지는 자신뿐 아니라 피해자와 그 가족에게까지 돌이킬 수 없는 상흔을 남긴다. 이번 장에서는 성범죄 심리의 뿌리에 해당하는 왜곡된 성인지에 대해 알아보도록 하자.

01 성범죄에 관한 뿌리 깊은 신화들

성폭력만큼 무서운 게 우리 사회에 뿌리 깊게 내린 성범죄에 관한 신화다. 가부장적인 사회에서 여성은 정절을 강요받았고 가계를 잇기 위한 도구로 전락해왔다. 그 탓에 사회는 여성에게 성범죄에 대해 훨씬 엄격한 잣대를 들이민다. 반면 남성의 성적 욕구는 참지 않고 분출하는 것이라는 편견이 대물림되고 있다. 이러한 사회 전반에 만연한 성에 대한 신화를 학자들은 소위 '**강간신화**rape myth'라고 한다. 마사 버트Martha Burt는 성범죄에 관한 일반인들의 통념을 연구하면서 강간과 가해자, 피해자에 대한 성범죄 신화를 측정하는 척도를 개발했다. 그녀는 강간신화를 "강간 혹은 강간 피해자, 강간범에 대한 편견이나 정형화된 그릇된 믿음"이라고 정의했다. 버트는 강간에 대한 뿌리 깊은 신화를 남녀 구분 없이 일반인들이 얼마나 아무 생각 없이 수용하고 있는지 구체적으로 물었고, "여성들이 강간을 더 원한다.", "강간범들은 성에 굶주려 있거나, 미치거나 아니면 둘 다인 사람이다."와 같은 강간신화의 예들을 확인했다. 이번 장에서는 버트의 연구를 바탕으로 그러한 일반적인 강간에 대한 사회 인식이 현실에서 얼마나 사실적인 근거를 찾을 수 없는 망상에 가까운 믿음인지 확인하고자 한다.

강간을 바라보는 강간신화가 피해자에게 더 위험하다

나에게는 결코 일어나지 않을 것이다

성범죄는 나이와 성별, 인종과 계급, 교육과 지위를 막론하고 누구에게든, 어디서든, 언제든 일어날 수 있다. 전혀 예상치 못한 상황에서 뜻밖의 상대에게 당할 수 있는 것이 성범죄다. 그런 면에서 성범죄는 마치 자동차 사고와 같다. 안전하다고 방심할 때가 가장 위험한 때다. 특히 요즘에는 남성이 여성에게 저지르는 성범죄 외에도 여성이 남성에게 행하는 성폭행, 동성 간에 이뤄지는 성추행, 노인들을 대상으로 일어나는 성범죄 등 그 대상과 양상이 점차 다양해지고 있다. 미국에서는 남성의 1.5%가 강간을 당한 적이 있다고 답하며, 양성애자 남성의 47%가 일생 동안 원치 않는 어떤 형태의 성적 접촉을 한 번 이상 경험했다고 보고한다. 게다가 장애가 있는 사람들은 정상인들보다 두 배나 많은 성폭력의 피해자가 된다.

대부분 강간은 공공장소나 야외에서 일어날 것이다

절대 그렇지 않다. 강간 피해자의 55%는 피해자의 집 또는 그 근처에서 강간을 당했고, 12%는 친구, 친척 또는 지인의 집 또는 그 근처에서 당했다. 강간은 장소를 가리지 않는다. 버스나 지하철 안, 대합실, 공중화장실, 공원 등 공공장소에서도 일어나지만, 가정집, 독서실, 친구나 지인의 집 등 은밀한 공간에서도 얼마든지 일어날 수 있다. 반대로 강간은 어두컴컴한 골목이나 인적이 드문 곳에서 일어난다고 믿는 경우도 그릇된 강간신화에 속한다. 심지어 성범죄는 교회 예배당이나 장례식장 같은 근엄한 곳에서도 빈번히 발생하고 있다.

강간은 모르는 사람한테 당하는 것이다

실제 성범죄를 분석한 자료를 보면, 아는 사람에 의해 당하는 성폭력이 81%가 넘는다. 강간은 피해자와 친숙한 곳에서 주변 지인들에 의해 일어나는 경우가 대부분이다. 2020년 법원에서 유죄가 확정된 사건을 기준으로 아동 및 청소년을 대상으로 한 성범죄자의 98.1%는 남성이고, 이들의 평균 연령은 34.2세인 것으로 나타났다. 성매매 강요와 성매매 알선 및 영업에서는 여성 범죄자의 비율이 각각 21.1%, 13.2%로 상대적으로 높게 나타났다. 범죄 유형으로는 강제 추행이 45.0%(1,174명)로 가장 많았고, 그 다음이 강간으로 20.3%(530명)이었다. 성범죄는 피해자와 가장 가까운 사람, 그래서 피해자가 신뢰하고 마음을 맡길 수 있는 사람이 저지른다.

강간당하는 여자는 헤픈 여자다

이 타입은 성범죄의 책임을 여자에게 돌리는 악질적인 신화다. 여자가 강간당하는 데에는 다 이유가 있다고 믿는 이런 신화가 강간신화 중에서는 가장 대표적인 형태일 것이다. 노브라, 미니스커트, 깊게 패인 상의, 착 달라붙는 레깅스 등 야하고 노출이 심한 의상이 남성들의 성욕을 자극하기 때문에 불필요한 성범죄가 증가한다는 것. 이런 신화는 특히 보수적인 종교가 지배하는 제3세계에서 매우 두드러지는데, 일례로 이란의 이맘(종교지도자)인 세디키가 2010년 옷을 야하게 입는 많은 여성들이 젊은 남성들을 타락시키고, 정절을 더럽히며, 사회에서 간통을 퍼뜨려 지진을 증가시킨다는 망언을 했다. 이에 미국의 페미니스트 제니퍼 맥크라이트Jennifer McCreight는 전 세계 여성들이 하루 동안 옷장에 있는 가장 추잡한 옷을 입고 지진을 일으켜보자는 '붑퀘이크 2010' 행사를 개최했다.

해당 행사는 해프닝으로 끝났지만, 자연재해를 여성의 옷차림으로 돌리는 비이성적인 믿음이 강간신화에도 영향을 미친다는 사실을 여실히 보여주는 계기가 되었다.

이밖에도 '밤길을 혼자 걷는 여자는 섹스를 밝히는 여자다.', '남자와 밤늦도록 함께 술을 마시는 여자는 암묵적으로 하룻밤을 허락한 셈이다.', '여자가 먼저 꼬리를 쳤기 때문에 남자가 그런 짓을 한 것이다.', '대부분의 강간 피해자는 평소 성관계가 난잡하고 평판이 좋지 않은 여자다.', '성욕이 강한 여자들이 강간을 당한다.', '여자가 맨살이 훤히 드러나는 옷을 입는 건 남자더러 보라는 것이다.'와 같은 신화들도 여기에 해당한다.

여자의 '노'는 '예스'다

이 유형 역시 성범죄의 책임을 여성에게 돌리는 것인데, 싫으면 싫다고 말해야지 그렇지 않았기 때문에 강간이 일어났다는 고도로 계산된 주장이다. 물론 일상에서 여성들이 남성들보다 이중언어를 많이 쓰는 건 사실이지만, 그렇다고 강간하는 남성에게까지 이중언어를 쓰지는 않는다. 그때 여자가 말하는 '노'는 '노'다. 이밖에도 "끝까지 싫다고 말했어야지 왜 가만히 있었나?", "혀를 입속에 넣었는데 그녀가 그냥 받아들였다. 그래서 그래도 되는가 보다 생각했다.", "가슴을 만졌는데 상대가 소리도 지르지 않아서 그냥 해버렸다." 등의 주장도 이 유형에 포함된다.

피해자는 성폭력 가해자에게 **투쟁반응**fight response이나 **도피반응**flight response만 보이는 건 아니다. 피해자는 강직성 부동 또는 범죄 앞에서 옴짝달싹하지 못하는 소위 '**동결반응**freeze response'을 경험한다. 오랫동안 강간 피해자들의 트라우마를 치료해왔던 피트 워커Pete Walker는 강간을 당한 피해자들이 투쟁과 도피, 그리고 동결을 넘어 아첨을 하기도 한다고 주장한다. 성범죄 피해자들 사이에서 가해자에 동조하고 달래는 소위 '**아첨반응**fawn response'이 일어난다는 것. 이 네 가지를 4F 반응이라고 한다.

여성 피해자에게 강간의 책임을 돌리는 강간신화는 매우 뿌리 깊은 역사를 갖고 있으며 어느 사회, 문화권에서나 쉽게 발견할 수 있다. 심지어 여성의 인권이 그간 상당히 개선된 미국이나 영국 같은 선진국에서조차 "여자들 중에는 강간을 원하는 사람도 있다.", "많은 여자들이 강간을 선망하며, 무의식적으로 강간을 바란다."와 같은 강간신화들이 존재한다. 1971년 646건의 강간 사건을 연구한 미국 펜실베이니아대학의 아미르Menachem Amir에 따르면, 그중에 대략 20%의 가해자는 피해자가 도리어 자신에게 강간을 하도록 자극했다고 주장했다. 아미르는 이를 '**피해자 촉발형 강간**victim-precipitated rape'이라고 불렀는데, 말 그대로 피해자의 언행에서 가해자를 성적으로 자극하는 요소가 있었다고 믿는 것이다.

투쟁반응 鬪爭反應/fight response	신체적으로 가해자와 싸우거나 정서적으로 문제를 해결하기 위해 노력하는 행동을 보인다.
도피반응 逃避反應/flight response	물리적으로 가해자로부터 벗어나거나 정서적으로 사건 기억으로부터 벗어나려는 행동을 보인다.
동결반응 凍結反應/freeze response	아무것도 하지 못하고 그 자리에 가만 얼어붙거나 정서적으로 멍하게 있는 상태를 보인다.
아첨반응 阿諂反應/fawn response	가해자를 달래거나 아첨하여 공격성을 줄이려하거나 스스로를 달래며 아무렇지 않다고 느끼려 한다.

성폭행 피해자의 네 가지 반응

남자의 성욕은 참을 수 있는 게 아니다

이 유형은 강간의 원인을 진화생물학적 설명으로 환원시키거나 남녀 신체의 생물학적 차이에서 찾으려는 대표적인 시도를 나타낸다. 여성은 남성의 성욕을 마음대로 풀어도 되는 쓰레기통이 아니다. 남성의 성욕을 지극히 자연적인 것으로, 종족보존의 필수적인 것으로, 생물학적 관점에서 당연한 것으로 설명하는 모든 이론은 여성에 대한 남성의 강간을 승인하는 잠재적인 추동력으로 본다는 점에서 이와 같은 강간신화로 기능한다. 놀랍게 교육 배경이 있고 상당한 지적 분별력을 가진 남성들 사이에서도 종종 발견되는 뿌리 깊은 신화로 인간 본능을 타당하고 자연적인 것으로, 법과 사회를 이러한 본능을 억압하는 부자연스러운 것으로 본다. 이밖에 "대부분 남자의 성폭행은 권력과 통제에 관한 것이며 성적 만족에 의해 동기 부여되지 않는다.", "강간은 지극히 본능적인 것이기 때문에 성폭력을 막기 위해 우리가 할 수 있는 건 아무것도 없다.", "인류의 역사 기간 동안 강간이 없었던 때는 없었기 때문에 오늘날도 어쩔 수 없다."와 같은 주장도 여기에 해당한다.

현대 학교 시스템은 학생이 사회인이 되기 위한 교육과정에 치중해왔다. 학령기 이전의 아이들은 유치원, 아니 어린이집이나 그 이전 가정에서부터 덧셈 뺄셈과 에이비씨를 배운다. 애들을 키운다는 어느 집이나 가보면 모든 문짝마다 알파벳과 한글이 적혀 있는 그림판이 덕지덕지 붙어 있다. 이처럼 우리 문화는 인생에 진입하는 단계에서 가장 먼저 배워야 할 지식의 우선순위에 문자와 숫자를 두는 데 익숙하다. 그러나 정작 우리는 인간관계와 감정, 정서를 다루는 데에는 매우 서툴다. 사람은 서로 만나서 좋아하고 사귀기도 하지만, 갈등도 생기고 싸우기도 한다. 그렇게 인간관계에서 오는 다양한 문제들에 무방비 상태에 놓인 어린 성인들이 오늘도 매년 수만 명씩 사회로 쏟아져 나온다.

그러다 보니 성인 남녀는 성에 대해 추상적이고 환상적인 생각들로 가득하다. 우리는 일상에서 상상과 망상, 환상을 혼동하는 경우가 있다. 사실 많은 경우에 엇비슷한 의미로 뭉뚱그려 쓰이기도 한다. 그러나 엄밀히 말해서 이 세 가지에는 분명한 의미의 차이가 존재한다. 먼저 **상상**은 경험의 한계 내에서 새로운 정보를 이해하려는 시도라고 할 수 있다. 상상想像이라는 한자 부수에 유독 '코끼리[象]'가 들어가 있는 연유를 따져보자. 태어나서 한 번도 코끼리를 보지 못했던 사람이 코끼리를 알 수 있는 방법은 직접 동물원에 가서 보는 수밖에 없다. 상상은 정확한 정보나 직접적인 경험이 이르게 되면 눈 녹듯 사라진다. TV보다는 라디오가, 라디오보다는 책이 더 자녀들의 상상력을 길러준다는 교육가들의 조언은 그런 의미에서 맞는 말이다.

필자도 이와 비슷한 경험이 있다. 오래전에 상담소를 찾았던 한 내담자가 대화 중에 한라봉에 대한 이야기를 했다. 당시는 한라봉이 대중화되지 않았던 때라 필자는 백록담이 있는 한라산 봉우리를 말한다고 착각했다. 당연히 두 사람의 대화가 이어질 리가 없다. "어머, 그 높은 곳에 올라가셨단 말이에요?" 필자의 질문에 내담자는 깔깔 웃으며 한라봉은 귤에 오렌지를 접붙인 과일이라고 일러주었다. 한 번도 한라봉을 본 적이 없었던 필자는 '아, 그럼 귤이 한라산 꼭대기처럼 움푹 들어갔나 보네.'라고 상상했지만, 다음 방문 때 내담자가 직접 들고 온 한라봉을 보고서 도리어 꼭지 쪽이 불룩 튀어나온 모습을 보고 속으로 깜짝 놀랐었다.

반면 **망상**은 사실이나 경험을 따르지 않고 그릇된 감각이나 개인적 감정에 사로잡혀 떠올리는 생각이다. 당연이 이치에 어긋나는 일그러지고 왜곡된[妄] 생각[想]이다. 망상은 두렵거나 불안할 때 종종 일어난다. 밤길을 걷다가 나뭇가지에 걸린 하얀 천을 보고 귀신인 줄 알고 기겁을 하며 나자빠지는 경우가 여기에 해당한다. 물론 망상은 조현병이나 편집증 환자처럼 병리적인 이유로 일어나기도 한다. 이런 경우는 반드시 전문적인 약물치료를 받아야 하겠지만, 대부분의 망상은 일시적으로 떠올랐다가 이내 사라진다. 앞서 상상처럼, 망상 역시 정확한 정보를 접하게 되면 금세 없어진다. 귀신으로만 알았던 하얀 물체가 알고 보니 천쪼가리에 불과했다는 사실을 확인하고 안도의 한숨을 내쉬는 것처럼 말이다.

이와 달리 환상은 전혀 다른 정신활동이다. 환상은 어려움이 닥치거나 당면한 문제를 잊고 싶을 때 발생하며, 보통 현실을 부정하거나 미화하는 사고를 말한다. 흔히 우리가 무언가를 보고 "너무 환상적이야!"라고 외칠 때 그 사물이 현실에 없는 것처럼 느껴지는 경우가 많다. 대표적으로 남성들이 훈련소에 입소해서 숨이 턱턱 막히는 뙤약볕에서 고된 훈련을 받고 잠시 나무 그늘에 앉아 쉴 때를 생각해 보자. "어찌나 목이 마르던지 거실 냉장고에 넣어두고 온 시원한 보리차가 다 생각나더군요." 한 남성 내담자가 했던 말이다. 이처럼 환상은 어려움이 닥쳤을 때 이를 잊기 위한 몸부림이다. 환상은 직면한 어려움이 사라지면 자연스럽게 없어진다. 시원한 에어컨 바람을 간절히 꿈꾸던 훈련병도 일단 군대에 적응하면 그런 환상은 설 자리를 잃는다.

가해자의 사고회로, 신화의 출발

"진심으로 사랑했습니다."

법정을 울린 때아닌 사랑 고백이 재판을 지켜보던 방청객들을 경악케 했다. 피해자의 어머니는 사랑타령에 그만 기절하고 말았다. 자신의 학원에 원생으로 다니던 여중생을 수십 차례 강간한 학원장은 사실관계를 묻는 재판부의 물음에 사랑했노라, 모든 게 사랑해서 벌어진 일이라며 성폭행 혐의를 완강히 부인했다. 당시 가정이 있는 30대 학원장은 학원에 다니던 여중생과 30여 차례 성관계나 유사성행위를 한 혐의로 구속 기소된 상태였다. 1심에서 선고받은 징역 3년에 집행유예 5년이 너무 무겁다며 항소를 제기한 학원장에게 법원은 "피해 여중생과 가족들이 받았을 신체적, 정신적 고통을 고려하면 원심의 형도 가벼워 보인다."며 "죄질이 극히 불량해 엄한 처벌이 불가피하다."고 판시, 원심을 깨고 징역 2년 6개월을 선고하며 그를 법정 구속했다. 더불어 아동학대 예방 강의 40시간, 아동 및 청소년 관련 기관 취업 제한 10년을 명령했다.

학원장은 피해자와 주고받은 카톡과 문자를 제시하며 끝까지 연인관계였다고 주장했지만 법원은 이를 받아들이지 않았다. 그는 다른 원생들이 집으로 돌아간 한밤중에 주로 학원 교무실 등에서 성관계를 가졌다. 학원에서 좀 더 편하게 성관계를 하기 위해 매트와 이불까지 샀던 것으로 드러났다. "저는 단 한 번도 성관계를 강요한 적이 없습니다. 애가 직접 동의하고 사랑한다고 말하니까 한 거지, 요즘 세상에 어떤 미친놈이 어린 애를 건드리겠습니까?" 그는 재판 과정에서 내내 피해자와 자신이 사귀는 사이였다고 주장하며 정당한 합의하에 관계를 맺었다고 주장해왔다. 그러나 법원은 그가 말과 행동으로 오랫동안 아동을 제어하여 자신의 말을 따르게 만들어왔고 이를 이용하여 자신의 성적 욕구를 채우려 지속적으로 피해자를 성적으로 학대했다고 판시했다. 피해자의 동의 여부와 상관없이 그의 행동이 아동에 관한 음행 강요 및 매개, 성희롱을 금지한 아동복지법을 위반했다고 본 것이다.

성범죄 사건을 맡아서 상담을 진행하다 보면 가해자들이 갖고 있는 대표적인 강간신화들이 있다. 필자는 이 신화들을 가해자의 사고회로 속에 장착된 아홉 가지 가해자 신화라고 부르는데, 그중 하나가 바로 앞에서 언급했던 "우리는 서로 사랑하는 사이니까 상관없다."라는 말이다. 이 '서로 사랑하는 사이'라는 단어 속에 성관계가 일방적인 폭행이나 강압에 의한 게 아니라 서로 합의하에 이뤄진 정상적인 관계였다는 암시를 담고 있다. 하지만 이는 완전히 잘못된 인지 오류다. 특히 아동이나 미성년자 성범죄에 있어 이런 인지 오류는 가해자를 대범하게 만드는 대표적인 가해자 신화로 작동한다.

성범죄를 추동하는 인지 오류는 지금도 강간신화를 양산하고 있다

어떤 케이스에서는 성관계 이전에 자발적 동의의 표시로 피해자의 육성을 녹음하거나 피해자 역시 성관계를 용인한다는 계약서를 직접 쓰게 한 가해자도 있었다. 그 자신이 정상적인 인지적 판단과 이성적인 결정을 내릴 수 없는 미성년자를 대상으로 끊임없는 그루밍을 통해 신체와 정신을 완전히 지배해왔다는 사실은 까맣게 모르고 오로지 상대방의 동의를 받았다는 것에만 집중한 것이다.

우리나라 현행법에 따르면, 미성년자를 폭행 및 협박해 강제로 성관계를 가진 경우, 성범죄가 성립되어 가해자는 무기징역 또는 5년 이상의 유기징역에 처해진다. 단, 미성년자의 자유의사에 따라 성관계를 가졌다고 주장할 때에는 판결이 갈릴 수 있는데, 해당 미성년자가 13살 미만인 경우에 성관계에 대해 스스로 자기결정권을 가질 만큼 성숙한 판단을 갖지 못했다고 판단하여 의제강간으로 가해자에게 동일한 처벌을 내렸다.* 또한 미성년자가 19살 미만인 경우, 자유의사에 의해 성관계를 했어도 속아서 했거나 대가가 있었다고 인정되면 '위계에 의한 간음죄'로 처벌된다. 의제강간 연령과 성인 사이의 기간에 걸린 미성년자가 아무리 성관계에 동의했다 하더라도 가해자는 성범죄로 처벌받을 수 있다는 말이다.

"너도 좋았잖아. 이제 와서 난리야?"

성범죄를 성립시키는 또 다른 가해자 신화 중 피해자 역시 즐겼

* 당시 형법 제305조는 '13살 미만의 사람에 대하여 간음한 자는 강간죄로 처벌한다.'고 규정하고 있었다. 다만 N번방 사건 이후, 의제강간이 성립하는 성관계 동의 연령(age of consent)이 너무 낮다는 사회적 여론이 팽배해지면서 2020년부터 만 16세로 상향 조정되었다.)

다는 주장이다. 필자는 현장에서 아주 빈번히 듣는 변명이라 그리 새로울 것도 없다. 2018년, 전국을 떠들썩하게 했던 안희정 전 충남도지사의 성폭력 사건에서도 어김없이 이러한 가해자 신화를 확인할 수 있다. 당시 안 씨의 정무비서였던 김지은 씨에게 당시 여권의 지지자들이 떼로 몰려가 "꽃뱀"이라느니 "먼저 유혹했다."느니 터무니없는 중상모략을 했다. 동시에 확인되지 않은 김지은 씨의 과거 행적들이 마치 사실인양 버젓이 SNS를 타고 여기저기 퍼 날라졌다. 2차 가해가 너무 심각한 나머지 당시 여권에서도 자제해야 한다는 목소리가 나올 정도였다. 김지은 씨를 변호했던 변호인단은 김 씨가 극단적인 선택을 감행할 정도로 극심한 스트레스와 항거불능의 모멸감을 느끼고 있다며 더 이상 무분별한 소문을 퍼트리는 일을 좌시하지 않겠다고 선언하면서 사건은 어느 정도 정리되었다. 이 과정을 김 씨는 훗날 책으로 펴내면서 우리 사회에 가해자 신화가 얼마나 뿌리를 깊이 내리고 있는지 여실히 보여주었다.

비슷한 일은 나이를 막론하고 빈번히 일어났다. 우리는 2011년 유명 사립대학 의대를 다니던 20대 남자 재학생 세 명이 경기도 가평에 MT를 간 자리에서 한 여자 동기를 겁탈한 사건도 기억하고 있다. 당시 졸업을 앞둔 본과 4학년 남학생들이 동기 여학생이 술에 취해 곯아떨어진 것을 발견하고 속옷을 벗기고 가슴과 음부 등 신체 부위를 만지는 등 성추행을 했다. 그들은 거기서 그치지 않고 이 장면을 디지털 카메라로 촬영하기까지 했다. 뒤늦게 상황을 인지한 피해자는 다음 날 학내에 마련된 양성평등센터를 찾아 성폭행 피해 상담을 신청했고, 이후 뉴스를 타면서 전국적으로 공론화되었다. 문제는 그 뒤에 터졌다. 구속된 남학생들의 부모들이 조직적으로 SNS나 언론을 통해 피해자가 먼저 꼬리는 친 거라며 거짓 여론을 만들기 시작했다. 성추행 혐의를 부인한 가해자의 어머니는 피해자가 본래 사생활이 문란한 것으로 유명했다는 말을 교묘히 퍼트려 명예훼손으로 기소되어 수감되기까지 했다. 당시 가해자 부모들은 기자들에게 "피해자가 문제가 있는 거지 우리 아들은 잘못 없다."는 식으로 말했고, 이는 고스란히 전파를 타며 일파만파 문제를 키웠다. 또한 고의인지 우연인지 피해자의 신상까지 털리면서 해당 학교 사이트가 일시 먹통이 되는 진통을 겪기도 했다.

이밖에 가해자 신화로 불리는 여러 명제들이 망령처럼 길거리를 배회하고 있는데, 그중에는 "뭐 남자가 놀다보면 한두 번쯤 그럴 수 있는 거지."와 같은 그릇된 남성 이미지에 뿌리 내린 것들도 있다. 얼핏 보면 무해한 것으로 여겨질 수 있지만, 사실 마초적 남성 이미지는 여성의 불완전하고, 미숙하며, 순종적인 이미지와 묘한 콘트라스트를 이루며 은연중에 불건전한 성역할을 심어주는 데 기여한다. "영웅은 자고로 술과 여자를 좋아한다."는 말이나 "여자를 뻑가게 해주는 남자가 진짜 멋진 남자다.", "여자를 한 번도 눕혀보지 않은 남자는 남자라고 할 수도 없다.", "줘도 못 먹는 남자는 고자거나 못난이다." 등 성과 관련하여 왜곡된 남성성을 현시하는 내용은 우리 사회에 셀 수 없이 많다. 무서운 건 이런 부정적이고 불합

"너도 좋았잖아."	피해자를 공범으로 만들려는 변명
"우린 엄연히 사랑하는 사이였어."	낭만형 성범죄자가 흔히 보이는 변명
"걔가 먼저 날 꼬셨다구."	전가형 성범죄자가 흔히 보이는 변명
"에이, 술김에 그런 거야."	무뎌진 성인지감수성을 드러내는 변명
"남자가 뭐 그럴 수도 있는 거지."	가부장사회의 그릇된 남성성이 빚어낸 변명
"난 안 잡힐 줄 알았지."	읍소형 성범죄자가 흔히 보이는 변명
"별 거 아냐, 나쁜 짓도 아닌데 뭘."	성범죄를 대수롭지 않은 것으로 치부하려는 변명
"장난처럼 한 거야. 진심이 아니었어."	회피형 성범죄자가 흔히 보이는 변명
"싫었다면 강력하게 거부했어야지."	그릇된 여성 이미지를 피해자에게 덧씌우는 변명

성범죄 가해자의 사고회로를 작동시키는 대표적인 가해자 신화 아홉 가지

리한 신념이 적절한 상황, 즉 잠복한 남성성을 일깨우는 자극을 만나면 누구라도 성범죄의 늪에 빠질 수 있다는 사실이다.

물론 모든 성범죄를 이러한 사고회로의 오류나 강간신화로 돌리는 게 정답은 아니다. 분명 가해자는 자신의 범죄에 응당 책임을 져야 한다. 가해자가 숨을 수 있는 변명의 자리는 없다. 그럼에도 성범죄의 끝자락에서 만난 가해자와 피해자는 어쩌면 모두 이러한 무수한 그릇된 성심리에 의해 추동된 행위의 피해자일지도 모른다.

성범죄가 반복되는 이유

2019년, 인천의 한 중학교에서 기간제 미술교사로 일하던 L씨(39세)가 학교에서 만난 중학생 A군(15세)을 미술실로 데려가 성폭행하는 일이 있었다. L은 담임교사로 재직하면서 중학교 1학년 때부터 학폭 경험으로 힘들어하는 A군에게 계획적으로 접근해 친밀감을 쌓았다. 왕따와 폭력으로 얼룩진 학창시절의 트라우마로 정서적으로 불안정한 상태에 있던 A군은 그렇게 선생님의 따뜻한 관심과 배려에 마음의 문을 열었고 학업과 진로 문제부터 학교에서 일어난 소소한 일까지 털어놓는 사이가 되었다.

이후 정신적인 통제가 가능하다고 판단한 L씨는 본격적으로 A군에게 자신의 변태적인 성욕을 드러내기 시작했다. L씨는 자신이 일하는 미술실로 불러내 A군의 신체를 마음대로 주무르고 욕보였다. "선생님, 이러시면 안 돼요." A군은 그날 선생님의 능숙한 손놀림에 결국 참지 못하고 L씨의 치마에 사정을 하고 말았는데, 이를 보며 L씨는 더 큰 쾌감에 휩싸이는 자신을 발견했다. "너, 어떻게 해서든 참으려고 얼굴을 찡그리는 모습이 귀엽네." 이후로도 학생을 향한 L씨의 성적 집요함은 계속되었다. 수개월 동안 L씨에게 A군은 제자라기보다는 이리저리 갖고 노는 성적 노리개에 불과했다.

이후 L씨의 범죄는 점점 대담해지기 시작했다. 이미 결혼하여 가정을 꾸린 유부녀였지만 뒤틀린 성심리는 이제 정상적인 관계로는 좀처럼 짜릿한 만족감을 얻지 못하도록 그녀를 몰아갔다. 어떤 날은 집에 데려다 준다는 이유로 차에 태워 싫다는 A군을 성폭행하기도 했다. L씨는 아예 A군을 자신의 집으로 데려가 성적 학대를 자행했고, A군이 싫다고 거절하거나 방어적인 태도를 보이면 신경질을 내거나 뺨을 때리는 등 폭행을 일삼았다. "너 이러면 선생님이 더 흥분하는 거 몰라? 착한 학생은 선생님 말에 '네.' 하고 순종해야지." 처음에는 호기심 반 두려움 반으로 관계를 받아줬던 A군은 이후로 지옥 같은 시간을 견뎌야 했다. "선생님, 제발 저 좀 그만 만져요."

결국 꼬리가 길면 잡히는 법. L씨의 성적 행각은 A군 부모님의 신고로 덜미가 잡혔다. L씨는 아동학대 범죄의 처벌 등에 관한 특례법 위반으로 징역 2년 6개월을 선고받았다. 재판부는 "피고인이 15세 학생과 수개월간 성관계를 갖고 담임으로서 실질적으로 피해아동의 부모 다음으로 중요한 보호자의 지위에 있음에도 우월적 지위를 이용해 성적 관계를 지속했다. 피고인이 부적절한 관계를 지속해서 성적 욕망을 충족했으며, 성장 단계에 있는 아동에게 영구적 상해를 남길 수 있어 엄격한 처벌이 필요하다."고 판시했다. 상대적으로 조종이 용이하다고 판단한 먹잇감을 골라 자신의 변태적 성욕을 해소하려 했던 그녀는 법정에서 난동을 부리고 자신이 도리어 강간을 당한 피해자라며 항소를 진행하는 등 용의주도함을 보였다. L씨는 결국 구속을 면치 못했다. 뒤늦게 후회의 눈물을 흘리며 선처를 요구했지만 받아들여지지 않았다. A군은 이 사건으로 외상후스트레스장애로 정신과 약물치료를 받고 있다.

우리는 강간범이나 성범죄자의 이미지를 떠올린다면 의심할 여지없이 험상궂게 생긴 남성의 모습이 그려질 것이다. 성폭력 가해자란 항상 남성이라는 문화적 선입견이 널리 퍼져 있는 것을 고려하면, 이런 연상은 매우 자연스럽게 보인다. 그러나 이러한 가정은 틀렸다. 최근 들어 여성 성범죄자의 숫자가 급격히 늘어나고 있기 때문이다. 미국의 한 통계에 따르면, 강간이나 성폭행을 경험한 남성 피해자의 35%가 적어도 한 명 이상의 여성 가해자를 신고한 것으로 나타났다. 놀라운 수치다. 여성에게 성폭행을 당하거나 성폭행을 당한 사람들 중, 남성 피해자의 58%와 여성 피해자의 41%가 이 사건이 폭력적인 공격과 관련이 있다고 보고했는데, 이는 여성 가해자가 피해자를 때리거나 넘어뜨리거나 공격했다는 것을 의미한다. 또한 포르노그래피에 흔히 등장하는 클리셰처럼, 미국 내 감옥에서 일어나는 여성 재소자의 성적 학대와 복역에 대한 가장 큰 위협은 남성 교정 직원으로부터 오는 게 아니라 다른 여성 수감자들로부터 3배 이상 온다는 사실을 알 수 있다. 청소년 교정시설 역시 같은 상황이다. 성적 피해를 호소한 청소년 10명 중 9명 이상이 여성 관계자에게 학대를 당했다고 신고해서 시설에 입소한 청소년들에게 여성 직원이 남성 직원보다 훨씬 더 심각한 위협이 되고 있음을 알 수 있다.

결국 여성만을 무해한 피해자로, 남성을 잠재적 가해자로 묘사하는 건 성범죄에 대한 매우 1차원적인 접근이며 시대에 뒤떨어진 성 고정관념을 강화한다. 이렇게 강화된 고정관념은 도리어 성에 공격적인 남성성을 강화하고 동시에 여성으로부터 성폭력을 당한 남성 피해자를 "못난 남자"로 고정화할 수 있다. 동시에 여성 가해자의 위력과 성적 무고로 무장한 유독한 여성 성범죄자의 존재를 우리의 시야에서 축소할 수 있다. 이런 고정관념은 남성 피해자가 자신의 피해 사실을 신고하거나 수사기관에 알리기를 주저하게 만든다. 남성 피해자는 종종 성적 피해를 수치스럽게 생각하기 때문에 문제를 공론화하는 데 여성 피해자보다 훨씬 많은 용기를 필요로 한다. 남성 피해자를 대하는 여론 역시 곱지 않다. 그들은 너도 좋았으면서 왜 그러느냐며 도리어 남성 피해자를 성범죄의 공범으로 몰아간다.

여성이 여성을 성적으로 학대하는 성범죄 역시 간과할 수 없는 문제다. 미국의 한 통계에 따르면, 교도소에서 성소수자들이 이성애자 수감자들보다 직원들에게 성적으로 희생될 가능성이 2~3배 더 높게 나타났다. 미국의 경우, 성소수자들이 직면한 위험 외에도 흑인이나 라틴계, 저소득층 또는 정신질환자들을 불균형적으로 투옥해 이들 인구를 성적 학대의 위험에 처하게 한다. 소년원이나 교정시설에 구금된 청소년들은 특히 높은 성 피해율을 경험한다. 최근 청소년들에 대한 한 연구는 18～19세에 강간을 저지르거나 강간을 시도했다고 스스로 보고한 사람들 중 여성이 48%를 차지한다는 사실을 발견했다. 정신과나 공중 보건, 형사 사법 분야의 전문가들은 종종 여성 성범죄자의 범죄 행위를 경시하는 경향이 있다. 이는 성폭력의 전이를 보여주는 통계에서도 그대로 나타나는데, 연구자들은 여성 성범죄자들이 가해 이전에 종종 피해자였다는 것을 발견했다. 성폭력 피해를 저지른 여성은 다른 범죄를 저지른 여성에 비해 가해자가 많고 이른 나이에 성적 학대 이력이 광범위할 가능성이 높다.

여자는 상처가 문제가 된다. 상담을 하다 보면 사회적으로 성공한 여성 중에서도 의외로 상처를 해결하지 못하고 전전긍긍하는 이들이 많다. 물론 상처를 극복하는 노력을 게을리하지 않는다. 열심히 교회 새벽기도도 가고 불공도 드리고 한다. 하지만 감정은 기억이기 때문에 그런 방식으로는 덮이지 않는다. 그러다가 우울증이나 정신과 문제들을 안고 상담소를 찾는다. 그들 중에는 성범죄에 연루되거나 피해를 입는 이들도 있다. 몸의 성과 마음의 성이 다르다는 사실을 모르기 때문에 빚어지는 비극이다.

몸의 성과 마음의 성은 다르다

몸과 마음을 마음대로 뒤섞어버리기 때문에 마음이 해결되지 않았는데 몸이 해결되니까 나아졌다고 착각하는 것이다. 섹스리스 부부를 상담하는 모 TV 프로그램에서 "네가 매력적이지 않아서 그래."라며 아내에게 야한 속옷을 사서 입으라고 한다. 모 TV에 출연한 상담 전문가도 이런 조언을 하는 걸 보고 기겁을 한 적이 있다. 어떻게 이렇게 개명한 시대에 비전문적이고 무분별한 자기 생각으로 그릇된 조언을 할 수 있을까?

2022년, 충북 음성에 있는 한 제약회사 공장에서 여자 상사가 여러 남자 직원들을 성추행하다 고소를 당한 사건도 이러한 맥락에서 이해할 수 있다. 상사는 사무실이나 작업 현장, 회식 장소 등에서 남자 직원들의 특정 부위를 꼬집거나 허벅지를 쓰다듬는 등의 추행을 했다. 처음에는 지나가는 도중에 은밀히 행해지던 그녀의 장난은 이제 노골적으로 껴안거나 가슴을 비비는 등의 도를 넘는 방식으로 확대되었다. 소스라치게 놀라는 남자 직원들을 향해 그녀는 "에이, 왜 그래? 좋으면서."라며 단순한 짓궂은 장난 정도로 치부하는 행태를 반복했다. 이러한 행위를 참지 못하고 퇴사한 직원도 있을 정도가 되자, 결국 일부 직원들이 정식으로 회사에 이의를 제기하기에 이른 것이다. 상황이 들통 나자 해당 여 상사는 "공식적인 회의 시간에 성추행 관련 소문을 떠들고 다니거나 입 밖으로 내면 회사를 다니지 못하게 할 테니 각오하라."는 식의 발언을 하며 해당 남자 직원들을 협박했다. 결국 회사는 조사와 징계 절차에 착수했고, 여자 상사는 회사를 그만둘 수밖에 없었다. 자신의 상처를 외면하면서 곪아간다. 이것이 성범죄가 반복되는 가장 큰 이유다.

가해자의 프로파일

우리에게 영화 「터미네이터」로 잘 알려진 배우 아놀드 슈워제네거는 대중적인 인기를 등에 업고 말년에 캘리포니아 주지사를 역임하기도 한 거물급 정치가이기도 하다. 그는 젊은 시절부터 출연한 영화마다 줄줄이 성공하여 연예계에서 이미 굳건한 입지를 다지고 있었다. 이어 정치 명분가인 케네디가家 출신의 아내와 결혼하고 정치에 입문하면서 정치가로서의 행보도 합격점을 받았다. 공식석상에서 엄지를 척 올리며 외치는 영화의 한 대사 "아일 비 백I'll be back."은 정계에서도 그의 트레이드마크가 되었다. 2003년, 캘리포니아 주지사에 당선된 뒤, 2007년에는 재임도 성공하여 합계 7년

2개월 동안 공직에 있었다. 모든 것이 순탄하게 흘러가는 듯했다. 문제는 이러한 외적 성공에 가려진 그의 은밀한 본능이었다. 그건 바로 그의 주체할 수 없는 바람기였다. 그를 잘 알고 있는 지인들은 이미 젊은 시절부터 아놀드가 여성편력이 자자했다는 사실을 공공연히 인정했다. 그는 항상 자신보다 사회적 지위가 낮고 경제적으로도 여유가 없는 여자, 게다가 외모도 그다지 뛰어나지 않은 여자들만 건드렸다.

이러한 그의 잡식성 바람기가 대외적으로 알려지게 된 건 그가 주지사에서 내려오면서부터였다. 아놀드가 이번에 선택한 목표물은 자신의 저택에서 20여 년간 가정부로 봉사하던 과테말라계 이민자인 밀드레드 파트리시아 바에나라는 50대 여성이었다. 펑퍼짐한 몸매에 얼굴도 예쁘지 않았던 바에나는 아내가 저택을 비운 틈을 타서 아놀드의 육탄공세를 받았다. 거실을 청소하던 바에나를 아놀드는 뒤에서 덮쳤고, 바에나는 그 한 번의 성관계로 자신이 임신했음을 직감했다. 당시 아놀드의 강간이 일어난 시점은 그의 아내가 막내아들을 임신했던 시기와 겹쳐 있었다. 바에나가 아놀드의 아이를 임신했을 때 이 사실을 알 리가 없던 아놀드의 아내는 그녀의 임신을 축하하기 위해 이런저런 선물을 바리바리 챙겨주기까지 했다. 그렇게 바에나는 아놀드의 아이를 출산했고 아놀드는 그의 양육비를 비밀리에 매달 지급하기까지 했다. 그는 이런 사실을 10년간 숨기다가 주지사 임기가 끝난 이듬해 아내에게 털어놓았다. 이후 벌어진 일은 여러분들의 상상에 맡긴다.

모든 것이 완벽하기만 했던 그가 왜 그런 추잡한 불륜에 빠졌던 걸까? 게다가 교양 있고 아름다우며 든든한 가문을 지닌 젊은 아내를 버젓이 놔두고 아무런 사회적 지위도 없고 박색에 나이까지 많은 50대 아줌마를 겁탈하여 문화계와 정계에서 평생 쌓아올린 자신의 명성과 지위를 하루아침에 휴지조각으로 만들어버린 걸까? 미국의 심리학자 케이트 루드만Kate Ludeman과 에디 얼랜슨Eddie Erlandson은 공격적이고 경쟁적이며 성과지향적인 남성들에게서 특히 이러한 유형의 성범죄가 일어난다고 말한다. 흔히 네 가지 유형으로 나뉘는 그들은 목표와 전략을 세우고 대범하게 일을 추진하며 중요한 일을 향해 돌진하는 스타일들로 소위 '**알파메일증후군**alpha male syndrome'을 드러낸다. 동물의 세계를 보면, 무리를 이끄는 우두머리 수컷이 있는데, 이들 알파메일은 무리를 힘으로 지배하면서 모든 개체들이 자신에게 복종하기를 강요한다. 당연히 무리 내 암컷들은 모두 자신의 차지가 된다. 하극상은 철저히 응징하고 배신은 죽음으로 다스린다. 알파메일은 무리에서 새롭게 부상하는 젊은 수컷들의 반란을 경계한다. 주기적으로 자신의 위엄을 과시하기 위해 암컷들과 교미에 힘쓴다. 저자들은 동물의 왕국에서 일어나는 이런 행동이 인간 세상에서도 나타난다고 주장한다. 이들은 사회적 성공과 관계적 인정을 갈구하며 어디에서고 돋보이고 무리 중에서 우월하기를 원한다.

강간을 당하는 것이 가장 고통스럽고, 끔찍하고, 자존감을 떨어뜨리는 경험이라는 사실을 누구도 부인할 수 없다. 성폭력은 언제나 피해자에게 자기혐오와 자책, 분노의 감정을 남긴다. 나아가 스스로 자신이 쓸모없는 사람이라고 여기도록 만든다. 심하면 자해나 자살충동을 야기하기도 한다. 하지만 우리는 언제나 피해자의 감정과 심리만 말할 뿐 가해자의 심리에 대해서는 거의 말하지 않는다. 대체 남자들은 왜 여자들을 강간할까? 여자들은 왜 남자들에게 노골적인 성적 추파를 던질까? 이 질문에 대한 답변은 그리 쉽지 않다. 성폭력을 야기하는 여러 복잡한 요인들이 서로 얽히고설킨 가운데 나이와 성별, 학벌과 성장배경 등 개인에 따라 다양한 변수가 작용하기 때문이다.

사실 이것 하나만 거의 진리처럼 확인 가능하다. 그것은 성폭행의 가해자는 누구도 될 수 있다는 사실이다. 이 명제는 우리 주변의 평범한 사람들, 평소 법을 잘 지키는 선량한 소시민들을 괜히 겁먹

게 하려고 하는 괜한 말이 아니다. 오히려 이 명제는 성폭력과 같은 종류의 범죄를 저지르는 특정한 유형이 따로 없다는 것을 의미한다. 이는 여러 연구로도 확인되었다. 일찍이 사우스캐롤라이나대학 심리학 교수인 새뮤얼 스미시맨Samuel D. Smithyman은 1970년대 성폭력 가해자들을 끈질기게 추적 조사하여 상당한 수준의 심리 자료를 정리했다. 그는 50명의 남성 강간범들과 익명으로 인터뷰를 진행하며 그들이 다양한 배경과 사회적 지위, 교집합이 거의 없는 다양한 성격과 정서적 상태를 보유하고 있다는 사실을 확인했다. 그를 놀라게 한 건 그들이 자신의 범죄에 대해 이야기할 때 무덤덤한 반응을 보였다는 점이다. 사실 성폭력의 배후에 있는 동기는 다양하고 수량화하기 어렵다. 하지만 현재까지 누적된 여러 연구와 지표에 따르면, 특히 남성 강간범들은 몇 가지 공통된 특징을 가지고 있다는 사실이 확인되었다.

공감능력의 결여

사실 공감능력의 결여는 단순히 성폭력의 문제만 아닌 전반적인 인간관계를 무너뜨리는 주범으로 꼽힌다. 앞서 언급했던 것처럼 그들은 종종 '강간신화'로 불리는 그릇된 믿음을 가지고 있다. 예를 들어, 여성이 아니라고 말하면, 본심은 그녀 역시 원하는 것으로 듣는다. 단지 겉으로 장난을 치거나 거짓말로 둘러댄다고 믿는다. '이럴 때 들이대지 않는 남자는 고자거나 병신이지.', '이럴 땐 못 먹어도 고!'와 같은 왜곡된 믿음은 여성이라는 성에 대한 공감 부족이 빚어낸 처참한 몰이해다. 공감능력의 결여가 강간신화를 재생산하고 성범죄 증가에 기여한다는 사실은 지금까지 많은 연구를 통해 입증되었다. 대표적으로 내브라스카대학의 심리학과 교수 코벨Christmas N. Covell은 공동연구를 통해 부적절한 사회적 인식, 인지 왜곡, 상호 개인 간 친밀감 결여, 부적응적 정서 규제 능력, 그 밖의 사회-인지적 결핍과 같은 요소들이 성범죄에 기여해왔다는 사실을 입증했다.

나르시시즘

의외로 남성 강간범들을 상담해보면, 그들이 실제로 성관계를 원하기보다는 상대를 지배하고 싶은 욕망이 높다는 사실을 발견하게 된다. 성폭력으로 처벌을 받은 전적이 있는 남성들을 조사한 한 통계에 따르면, 성적 만족이나 쾌감 때문에 여성을 강간한 비율보다는 자신이 힘 있고 우월한 남성이며 상대에게 이를 증명하고 확인받고 싶어서 강간했다는 비율이 더 높았다. 섹스 자체보다는 지배에 관심이 많았다는 말이다. 비뚤어진 남성성은 이런 욕구를 증대시킨다. 많은 경우, 남성 또래들 사이에서 사회적 지위와 권위를 갖기 위해서는 성적 경험이 풍부한 바람둥이처럼 보여야 한다. 성적 경험이 없거나 그들 표현대로 '총각 딱지를 떼지 못한' 사내는 종종 놀림거리로 전락한다. 미국 테네시주 사우스대학 심리학 교수인 셰리 햄비Sherry Hamby는 이러한 나르시시즘을 '**유독한 남성성**toxic masculinity'**이라고 불렀다.** 성적 능력이 없는 남자들은 이러한 남성성을 전시하고 드러내는 데에서 그릇된 자신감과 신념을 가지려 한다.

유독한 남성성이 종종 멋진 남자의 대명사로 둔갑하는 경우가 있다

『화성에서 온 남자, 금성에서 온 여자』로 유명한 존 그레이John Grey는 힘이 센 남자들이 평균보다 높은 수준의 테스토스테론을 갖고 있으며, 끊임없이 이 테스토스테론을 보충하려 한다고 설명했다. 그들이 그렇게 하는 한 가지 방법은 바람을 피우는 것이다. 장기간의 관계는 '사랑 호르몬'으로 불리는 옥시토신을 생성한다. 이것은 부부간의 유대감을 증진 시키고 여성의 스트레스 수치를 낮추는 데에 도움을 준다. 하지만 남성들에게는 전혀 다른 영향을 끼친다. 옥시토신은 남성의 테스토스테론 수치를 낮춘다. 이는 남성이 '신선한' 관계를 찾아 새로운 여성과 섹스를 하려는 성적 욕구를 도리어 높인다고 한다. 남성 사회는 가짜 남성성을 찬양하고 성적 관계에 능숙하지 못한 남성을 찌질이로 규정하는 분위기가 있다. 이를 반증하는 형식의 하나는 여성에게 공격적인 성향을 드러내는 것이다. 자신이 잤던 여성들의 팬티를 컬렉션으로 전시하거나, 성관계를 찍은 동영상을 올리며 스스로 남성으로 건재하다는 사실을 입증하려는 남자들이 남초 사이트에 넘쳐난다.

여성에 대한 적대감

오늘날 한국 사회는 남혐과 여혐이 극단으로 치닫는 사회다. 남성은 SNS를 통해 그릇된 정보를 생산하며 지극히 일부 여성의 사례를 가공하여 일반 여성에 대한 왜곡된 이미지를 유포시키고 있으며, 여성 역시 미러링mirroring이라는 명분으로 한국 남성을 '한남충'으로 비하하며 조롱하기에 여념이 없다. 남성 강간범들은 종종 여성을 남성의 성적 욕구를 충족시켜주는 수동적인 성적 대상으로 본다. 그들 중 상당수는 여성혐오에 빠져 있다. 일부는 자신이 과거에 여자들에게 상처를 입거나 거절당했던 경험을 분노로 승화하여 다른 여자들에게 이를 표출한다. 영화 「더 셀」에 등장하는 연쇄살인범 칼 스타거가 대표적이다. 그는 어렸을 때 부모에게 당했던 학대와 함께 여자에 대한 분노가 살인충동으로 승화되어 비슷한 또래의 여성들을 납치하여 물에 익사시킨 뒤 시체를 표백제에 담가 인형을 만든다.

2018년, 2,000명의 미국인들을 대상으로 수행한 조사에 따르면, 81%의 여성과 43%의 남성이 어떤 형태로든 성희롱이나 성폭행을 당한 적이 있다고 한다. 또한 조사 대상 여성의 38%는 직장 내 성희롱 피해를 경험한 적이 있다고 답했다. 이처럼 성범죄는 단지 여성만의 문제가 아니다. 오늘을 사는 남성들에게도 매우 절실한 문제며 일상에 직접적인 영향을 미치는 문제다. 호주 맬버른대학 정치학 교수 셰일라 제프리스Sheila Jeffreys는 서구 사회에 뿌리 깊게 박힌 문화적 여성혐오가 여성 대상 성범죄에 얼마나 치명적인 영향을 미치는지 추적했다. 그녀는 미녀에게 주어지는 유리구두가 도리어 여성을 억압하는 기제로 쓰인다는 사실을 간파하고 조숙하고 고분고분한 여자에 대한 이상과 판타지가 남성 사회에 만연해 있다고 지적했다.

"피해자와 가해자의 비정상적 인간관계"

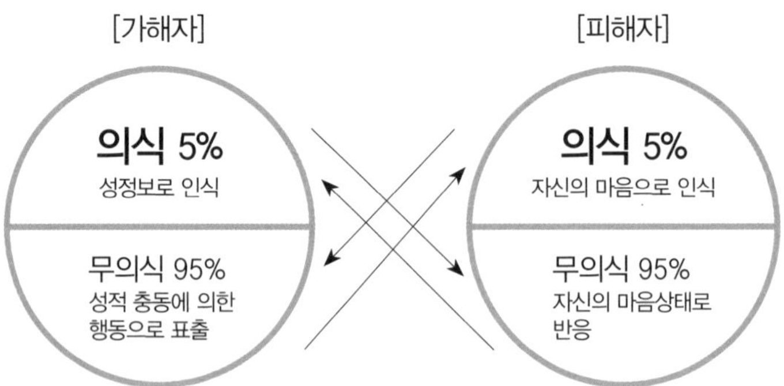

[심리작용에 의한 오류 발생]

피해자가 던지는 무의식적인 말과 행동을 가해자가 자신의 의식 속에 성정보로 수용할 때 피해자의 의도와 상관없는 성적 표현을 가해자가 할 수 있습니다. 이때 피해자는 가해자의 이런 왜곡된 심리를 보지 못하고 가해자의 말과 행동을 참아주다가 종종 문제가 발생합니다.

피해자가 알아야 할 사항 : 인간은 일반적인 인간관계에서 성을 표현할 일이 없습니다. 그러나 상대가 성적 표현을 하고 있다고 느낄 때 상대의 성심리를 이해해야 합니다. 조만간 노골적인 성적 행동으로 표출할 수 있기 때문에 재빠르게 자리를 피하든지 아니면 성적 표현을 강하게 거부하거나 제지해야 합니다.

가해자가 알아야 할 사항 : 일반적인 인간관계에서 성적 표현을 하는 건 피해자의 마음과 심리 상태에 따라 얼마든지 상처가 될 수 있기 때문에 함부로 성적 표현을 남발해서는 안 됩니다. 내면에서 상대에 대한 성의지가 느껴진다면 자신도 모르게 충동적으로 성적 표현을 할 수 있는 상태가 되었다는 사실을 빠르게 자각하고 당장 중단해야 합니다. 빨리 중단할 수 없는 상태라면 당신은 이미 성심리 장애가 발생했기 때문에 심리상담을 받아야 합니다. 당신이 방치한 심리 문제가 많은 사람의 삶과 인생을 파괴할 수 있기 때문입니다.

❖「아폴로에게서 달아나는 다프네(Pauline as Daphne Fleeing from Apollo, 1810)」
로베르 르페브르(Robert Lefèvre) 작, 개인 소장.

chapter 4

—

피해자의 절규, 혼자만의 싸움

"미국에서는 매 12.5분마다 한 번씩 자동차 사고로 누군가 죽는다.
반면 매 2.5분마다 한 번씩 누군가 성폭행 당한다.
그 안에 사례들을 넣을 때조차 첫 번째, 내가 단지 사고와 연루된 사람들뿐 아니라
후하게 모든 자동차 관련 사고들을 포함시키고 있다는 것이며,
두 번째, 여전히 절대 다수의 성폭력 사건이 보고되지 않고 있다는 사실이다."

—에밀 어팀—

2022년 7월, 인천 모 대학 캠퍼스에서 한 여학생이 성폭행 당하다가 건물 아래로 추락해 사망하는 엽기적인 사건이 발생했다. 평소 사망 피해자 A양(20세)을 마음속에서 흠모하던 같은 과 동급생 김진송(20세)은 주변 먹자골목에서 학과 단체 회식을 마친 후 그녀와 함께 캠퍼스로 되돌아왔다. 처음부터 그는 취기가 올라 몸을 제대로 가누지 못하는 A양을 겁탈하겠다는 의도를 가지고 사람들의 눈을 피해 한 단과대학 건물 승강기를 이용해 3층으로 그녀를 끌고 갔다. 김 군은 2층과 3층 사이에 있는 건물 난간 창문에 술에 만취되어 의식이 거의 없었던 A양의 몸을 걸쳐 놓고 그녀의 하의를 내린 다음 뒤에서 강간을 시도했다. 김 군은 자신의 휴대폰으로 A양을 성폭행하는 장면을 직접 촬영하는 대담함도 보였으나, 당시 휴대폰이 바닥에 엎어진 채 촬영돼 소리만 녹음되었다. 동영상 초반에는 반항하는 듯한 A양의 음성이 담겼으며, 20분가량 지나서는 울부짖는 듯한 소리도 나오는 등 당시의 급박한 상황을 짐작케 했다. 이후 쾅하는 추락음이 들린 뒤 "에이X"라고 말하는 김 군의 목소리와 함께 얼마 뒤 휴대전화가 꺼졌다.

사실 당시 상황은 전적으로 김 군의 진술에 의존하고 있기 때문에 어디서부터 어디까지 진실인지 정확히 알 수 없다. 김 군은 조사를 받을 때 "드문드문 기억이 나지만 추락한 상황은 정확하게 기억나지 않는다."며 "잠에서 깨어보니 집이었다."고 변명을 늘어놓았다. 다만 그가 남긴 음성 파일과 여러 물품들, 그리고 정황 증거들을 통해 당시를 어느 정도 재구성할 수 있을 뿐이다. 한 법의학 전문가는 피해자 윗배에서 상당히 오랜 시간 창문틀에 눌린 자국이 발견됐다며 외벽 페인트가 산화하면서 묻어나는 물질이 피해자의 손에서 발견되지 않은 점으로 미뤄 피해자의 팔이 창문 밖으로 빠져나와 있는 상태에서 피해자의 복부가 창틀에 오래 눌려 있다가 추락한 것으로 보인다고 주장했다. 검찰 관계자는 "그의 휴대전화를 디지털 포렌식한 결과, 자동으로 동영상이 중단된 게 아니라 누군가가 강제로 촬영을 종료한 사실이 확인됐다."고 했다. 그는 A양이 그렇게 1층으로 추락하자 그녀의 옷을 다른 장소에 버리고 자취방으로 달아나버렸다. 추락한 동급생을 구조하거나 최소한 119에 신고하지도 안았다. A양은 추락한 뒤 1시간가량 그렇게 건물 앞 길가에서 피를 흘린 채 방치됐다가 지나가는 행인에게 우연히 발견돼 병원으로 옮겨졌으나 3시간 만에 결국 숨지고 말았다. 참으로 허망한 죽음이었다.

사실 이 사건은 성폭행이 이뤄지는 전형적인 과정과 형태를 보인다. 사건 현장 인근 CCTV에는 사건 당일 오전 1시30분쯤 김 군이 A양을 부축한 채 학교 건물로 들어가는 장면이 포착됐다. 김 군과 A양 모두 방학 기간이지만 계절학기 수강 때문에 학교에 나온 것으로 조사됐다. 소방 당국에 따르면, 119구급대가 현장에 도착했을 당시 A양은 머리뿐 아니라 귀와 입에서도 많은 피를 흘리고 있었지만, 심정지 상태는 아니었고 다소 미약하긴 했지만 자가 호흡을 하고 맥박도 뛰고 있었다고 한다. 추락 직후 김 군이 집으로 그렇게 도주하지 않고 뒤늦게라도 A양을 구조했거나 119에 신고했다면 목숨을 건질 수 있었을 것이라는 추정이 가능하다. 같은 해 12월 19일, 김 군은 결심 공판에서 성폭력 범죄의 처벌 등에 관한 특례법상 준강간살인 혐의로 무기징역이 구형되었다. 김 군은 18번이나 반성문을 제출하며 사죄의 뜻을 보였지만 무기징역 구형을 막진 못했다.

왜곡된 성심리가 가져온 끔찍한 사건이 아닐 수 없다. 안타까운 건 가해자가 아무리 사죄를 구해도 죽은 피해자가 되살아오지 않는다는 사실이다. 김 군이 제대로 된 상담을 미리 한 번이라도 받았더라면 어떠했을까 생각할 때 허망하기 그지없다. 이번 장에서는 성범죄 피해자의 심리와 상담의 필요성에 대해 알아보고자 한다.

피해자의 잘못은 1도 없다

2013년 국내에서 수행된 한 연구에 따르면, 성폭력을 당한 여성 피해자의 34.9%가 사건이 일어난 뒤 상당 시간이 경과된 이후에도 지속적인 트라우마로 고통 받고 있다고 응답했다. 또한 성폭력 피해 여성 응답자 중 70% 이상이 성폭력 피해 경험 후 스트레스 및 우울감이 높아졌다고 응답했으며, 50% 이상이 자살충동을 느꼈다고 밝혔다. 실제 이중에서 자살을 시도한 피해자는 41%나 되었다. 놀라운 수치가 아닐 수 없다. 게다가 일반인과 성폭력 피해 여성 간의 정신 건강을 맞비교해 보면, 성폭력을 겪은 피해 여성이 일반인보다 훨씬 많은 정신과 문제들을 안고 있는 게 확인되었다. 일반인 중

26%가 우울증을 경험한 반면, 성폭력 피해 여성 중에서는 69.8%가 우울증을 경험했다. 일반인 중 23.9%가 자살충동을 경험한 반면, 성폭력 피해 여성 중에서는 63.5%가 자살을 고민했다고 응답했다. 일반인 중 10%가 직접 자살을 시도한 경험이 있는 반면, 성폭력 피해 여성 중에서는 51.6%나 자살을 시도했다고 밝혔다.

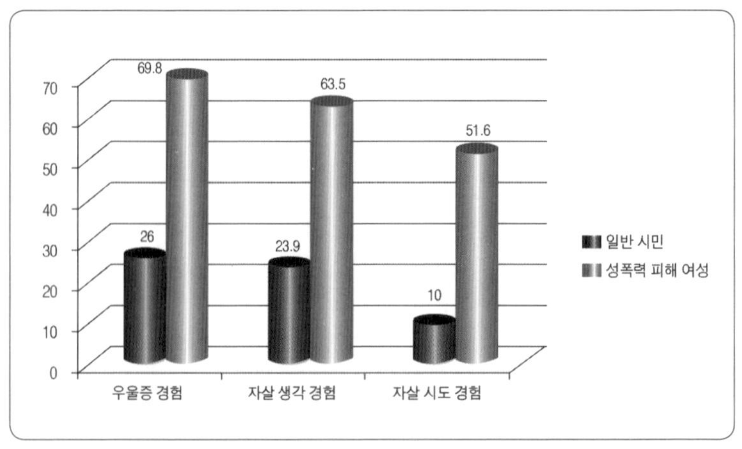

일반인과 성폭력 피해자 간 정서적 피해 차이(단위: 퍼센트)

(출처: 김영택, 「성폭력 피해자의 정신건강 관리 방안」, 『보건복지포럼』 2013년 6월 통권 제200호)

성폭행 피해자의 잘못은 1도 없다. 우리나라는 피해자를 법률적으로 보호하고 정신적, 신체적 건강을 안전하게 지키기 위해 여러 가지 제도적 장치들을 갖고 있다. 성폭력 피해자들이 일차적이고도 즉각적으로 도움을 받을 수 있는 곳으로 여성긴급전화 1366이나 성폭력피해상담소, 성폭력피해자보호시설이 있다. 여성긴급전화 1366은 가정폭력방지및피해자보호등에관한법률 제4조 1항에 근거하여 1998년 만들어졌다. 2001년에는 여성가족부와 지방자치단체의 지원을 받아 여성지원센터를 설치하고 전문상담원을 배치하였다. 여성긴급전화 1366은 성폭행 피해 여성들에게 안정적이고 전문적인 서비스를 제공하기 위해 연중 24시간 무휴로 핫라인을 운영하고 있다. 전화로 초기 상담이나 긴급 보호 요청, 긴급 피난처 제공 요청, 의료기관 연계 상담이나 병원 치료를 신청할 수 있다. 여성긴급전화 인터넷 홈페이지(https://women1366.kr)에서도 동일한 서비스를 받을 수 있고, 카카오톡에서 '여성폭력 사이버 상담(women1366)'을 친구추가 하면 상담원과 1:1로 실시간 채팅을 할 수 있다.

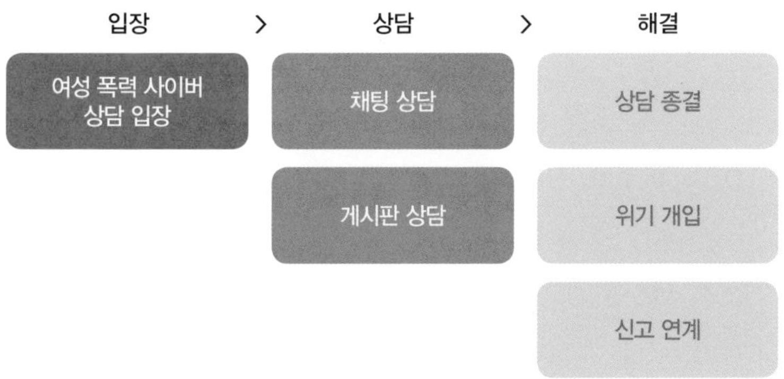

여성긴급전화 1366 사이버 상담의 절차

반면 **성폭력피해상담소**는 1994년 성폭력특별법에 의해 설치되었으며, 2022년 현재 전국적으로 168개소가 운영된다. 성폭력피해상담소는 성폭력을 예방하고 성폭력 피해자를 보호함으로써 건전한 가정을 유지하고 해체를 방지하는 것을 목적으로 한다. 상담소에서는 성폭력 피해자에 대한 상담을 비롯해 성폭력으로 인하여 정상적인 가정생활 및 사회생활이 어렵거나 기타 사정으로 긴급히 보호를 필요로 하는 피해자에 대한 임시보호와 의료기관 및 성폭력 피해자 보호시설로의 인도, 가해자에 대한 고발 등 사법처리 절차에 관한 법률구조공단 등 관련 기관에 필요한 협조와 지원 요청, 성폭력 예방 및 방지에 관한 홍보 및 피해에 관한 조사 및 연구를 수행하고 있다. **성폭력피해자보호시설**은 1996년부터 설치되어 운영되기 시작하였는데, 2022년 현재 전국에 34개소가 운영되고 있다. 보호기간은 일반 시설의 경우 6개월 이내를 원칙으로 하되, 시장, 군수, 구청장의 승인을 얻어 연장이 가능하며(최대 1년6개월), 장애인 시설은 2년 이내가 원칙이지만 회복이 되지 않았다고 판단되는 경우는 2년 범위 내에서 연장할 수 있다. 아동 및 청소년 전용 쉼터는 19세 미만의 친족에 의한 성폭력 피해자를 대상으로 입소일로부터 만 19세까지 머물 수 있으나, 2년 범위 내에서 1회 연장이 가능하며 학업 중인 경우에는 학업이 완료될 때까지 연장하도록 하고 있다.

행정구역별	2021					
	성폭력 피해 상담소	성폭력 피해자 보호시설	성매매 피해자 지원 상담 자활시설	가정폭력 상담소	통합 상담소	가정폭력 보호시설
전국	168	34	96	128	30	65
서울특별시	21	2	22	13	2	11
부산광역시	6	3	10	11	5	3
대구광역시	4	1	7	3	2	3
인천광역시	5	2	3	6	1	1
광주광역시	7	3	5	4	1	4
대전광역시	5	2	4	3	1	1
울산광역시	4	1	2	3	1	1
세종특별자치시	2	–	–	–	–	–
경기도	32	4	12	21	4	11
강원도	10	1	2	10	4	5
충청북도	8	3	2	5	1	3
충청남도	18	1	3	8	3	4
전라북도	7	2	4	8	1	4
전라남도	9	2	6	8	1	4
경상북도	11	2	2	9	2	2
경상남도	15	2	9	13	–	6
제주특별자치도	4	3	3	3	1	2

전국 성폭력 피해자 지원 시설 실태와 분포(단위: 개소)

상담에 임하는 상담원들이 전문적이어야 한다. 왜곡된 성심리에 대한 정확한 이해가 갖추어지지 않은 상담원들은 자칫 피해자들에게 그릇된 시그널을 줄 수 있다. 강간의 구체적인 정황과 상황을 묻는 과정에서 피해자의 고통을 가중시키고 피해자는 떠올리기 싫은 당시 상황을 반복적으로 반추하며 왜곡된 사고를 되새길 수 있다. 적어도 책임 있는 기관의 상담원이라면 반드시 남녀 무의식의 상반성에 관한 개념을 습득할 필요가 있다. 남자의 성심리와 여자의 성심리는 정반대로 작동한다. 특히 남성 상담가가 여성 피해자를 상담할 때 발생할 수 있는 부작용은 일반적인 수준을 넘어설 수 있다.

성폭력으로 인한 낙태는 합법적인데도 불구하고 병원이나 의료기관에서 수술을 기피하는 경향이 있어 피해자들은 제때에 치료를 받지 못하거나 시기를 놓치는 등의 경우가 있다. 의료비 지급 처리기간이 늦거나 행정상의 절차가 구마다 달라 바로 지원을 받을 수 없거나 신분이 노출되는 등의 문제점들도 있다. 따라서 피해자의 수나 치료기간 등을 고려한 현실적인 의료비 책정이 필요하며, 의료기관들도 적극적으로 피해자 입장에서 치료할 수 있도록 정부의 지도와 감독 하에 제도를 정비해야 한다. 성폭력 피해자들은 피해시점으로부터 전 생애에 걸쳐 심리적, 신체적, 사회적 트라우마에 시달린다. 성폭력 피해의 특성상 의료 및 심리 상담, 법률 상담 등의 다양한 지원서비스가 요구되고 외상후스트레스장애를 치료하기 위한 지속적인 사후 서비스가 제공되어야 한다. 원만하고 전문적인 후속조치를 통해 체계적이고 통합적인 지원이 효과적으로 따라가야 한다.

02 남녀의 차이를 알면 성범죄가 보인다

일반적으로 성차gender differences라고 하면 생물학적 차이를 떠올린다. 물론 남성과 여성은 전혀 다른 몸을 갖고 태어난다. 남성은 여성에 비해 훨씬 몸집도 크며 힘도 세다. 반면 여성은 상대적으로 몸집이 작고 힘도 약하다. 남성의 성기는 바깥으로 돌출되고 있고 여성의 성기는 안쪽으로 들어가 있다. 변성기 이후 남성의 목소리는 굵어지고 울대와 목젖이 두터워진다. 여성은 2차 성징 이후 가슴이 부풀고 골반이 넓어진다. 하지만 이러한 성차와 달리 사회적, 심리적 성차도 존재한다. 특히 남녀의 성범죄를 이해하기 위해서는 심리적 성차를 이해하는 것이 중요하다. 필자는 오래전부터 남녀의 성심리에 상반성이 존재한다고 주장했고, 이를 이론화하여 교육 프로그램으로 만들었고 얼마 전에는 특허까지 받았다.

생물학적 성차	• 염색체: 여성은 2개의 X염색체를 가지고 있는 반면, 남성은 1개의 X염색체와 1개의 Y염색체를 가지고 있다. • 생식기: 여성은 난소와 자궁이 있는 반면, 남성은 고환과 음경이 있다. • 호르몬: 여성은 에스트로겐 수치가 높은 반면, 남성은 테스토스테론 수치가 높다.
심리적 성차	• 인지 능력: 여성은 언어능력과 기억력과 관련된 과제를 더 잘 수행하는 경향이 있는 반면, 남성은 공간능력과 문제해결 능력과 관련된 과제에서 더 잘 수행하는 경향이 있다. • 성격 특성: 여성이 상냥함과 신경증과 같은 특성에서 더 높은 점수를 받는 경향이 있는 반면, 남성은 주장과 위험 감수와 같은 특성에서 더 높은 점수를 받는 경향이 있다.
사회적 성차	• 성역할: 사회는 남성과 여성에 대한 기대와 규범이 달라 행동 및 관심사, 진로 선택의 차이로 이어진다. • 성차별: 여성은 남성에 비해 역사적으로 교육, 고용, 정치와 같은 삶의 많은 영역에서 차별에 직면하여 기회와 결과의 차이를 가져왔다.

성차에는 생물학적 성차 외에 심리적, 사회적 성차가 존재한다

남녀의 심리적 차이를 이해하면 성범죄의 원인과 양상을 보다 구체적으로 알 수 있다. 제일 먼저 남자와 여자는 언어적 의사소통과 비언어적 의사소통에 있어 일정한 차이가 있다. 마이런 브렌튼 Myron Brenton은 일찍이 자신의 저서 『섹스 토크』에서 남녀의 성적 의사소통에 네 가지 종류가 있다고 말했다. 그가 말한 의사소통은 언어적 형태를 띠고 있는데, 첫 번째는 **관습적 유형**으로 남녀 간 피상적으로 오가는 대화의 형태를 띤다. 관습적 유형은 지금까지 사회와 문화가 남녀에게 할당한 경직된 발언에 기반하고 있으며, 일상적인 감정만 간단하게 표현하되 성에 대해서는 애매한 발언을 선택하도록 만든다. 이는 성기나 성관계를 '거시기'로 표현하며, 성을 직접적으로 말하기보다는 '떡방아'나 '합체' 등 유비적으로 말하는 형식이다. 왜냐하면 노골적으로 성에 관련한 주제를 말하는 것이 이들이 속한 사회나 집단에서 부끄러운 행동으로 여겨지기 때문이다.

두 번째 성적 의사소통 유형은 **독단적 유형**으로 동등한 관계가 아닌 일방적인 관계로 상대방에게 무조건적인 체위나 성행위를 요구하는 방식을 띤다. 예를 들면, 남자가 성적 판타지를 충족시키기 위해 여자에게 항문성교를 요구하거나, 여자를 침대에 결박하고 섹스하기를 원할 때를 말한다. 세 번째는 **방관적 유형**으로 성에 대한 자기 자신의 생각이나 의견은 철저하게 숨긴 채 방관자적인 입장을 고수하려 한다. 브렌튼은 이 유형을 남녀가 할 수 있는 가장 비생산적이고 무책임한 대화 형태로 규정했다. 이 유형은 남녀의 의사소통을 악의적인 대화로 만들 확률이 높다. 마지막으로 네 번째는 **직면적 유형**으로 방관적 유형과는 정반대 유형이다. 이 의사소통 방식은 자기 자신의 생각이나 의견을 내세우는 데 우선하며, 문제에 대해 직면하고 매사에 책임감을 가지고 솔직하게 자신의 감정을 드러내는 타입이다. 서로 문제를 해결하기 위해 민감한 대화도 피하지 않고 적극적으로 임하려 하기 때문에 브렌트은 가장 바람직한 남녀의 성적 대화로 규정했다.

반면 데보라 타넨Deborah Tannen은 자신의 저서 『섹스, 거짓말, 대화』에서 남녀의 의사소통의 차이를 선명하게 제시했다. 타넨은 어린 시절의 상호작용으로부터 남성과 여성이 본질적으로 상반되는 의사소통 방식을 발달시킨다고 믿는다. 그녀는 남자들이 만드는 사교적 집단이 여자들보다 더 크고, 더 포괄적이고, 더 위계적이기 때문에, 남자들은 그 집단 내에서 종속적인 위치를 피하기 위해 어릴 때부터 고군분투해야 한다고 지적한다. 그래서 남자들의 대화는 보통 문제를 해결하는 데 집중된다. 남자로서 문제를 해결하지 못하면 대번 집단 내에서 소외되거나 종속적인 위치로 떨어지기 때문에 그들에게 의사소통은 액면 그대로 받아들여지는 형식에서 한 치도 벗어나지 않아야 한다. 그래서 때로 남자들은 가만히 상대의 말을 듣고 있는 것에서 거북함을 느끼는데, 그 이유는 듣는 위치가 보통 어른에게 한소리 듣는 아이나 직장 상사에게 꾸지람을 듣는 직원처럼 집단 내에서 종속적 위치를 점하고 있기 때문이다.

남자에게 독단적 유형의 의사소통이, 여자에게 방관적 유형의 의사소통이 익숙하다

반면 여자들은 어릴 때부터 남자들보다 더 친밀하고 감성적이며 교감을 이루는 의사소통의 패턴을 발달시킨다. 남자들이 칼싸움이나 레슬링 같은 몸을 통해 대화하기를 원한다면, 여자들은 관계를 증진시키기 위해 대화를 이용한다. 이러한 의사소통 패턴이 빚는 성별적 차이는 종종 남자가 여자를, 또 여자가 남자를 서로 오해하도록 이끈다. **트러블 토크**troubles talk의 예를 들어 보자. 여자들은 트러블 토크를 통해 자신의 문제를 상대에게 알리고 공감해주기를 원한다. 상대가 "나도 그렇게 생각해." 또는 "나 역시 그런 문제가 있어." 라고 말해주면 둘은 서로 더 가깝게 느끼며 동병상련의 동질감을 형성한다. 그러나 트러블 토크를 남자에게 하면, 남자는 여자의 의도와는 전혀 다르게 이 문제를 받아들인다. 남자는 여자의 문제를 자신의 위치에 대한 도전으로 받아들인다. 즉 남자는 여자의 부풀려진 문제를 액면 그대로 받아들인다.

타넨은 남자는 '**리포트 토크**report talk'를 한다면, 여자는 '**라포 토크**rapport talk'를 한다고 주장한다. 리포트 토크는 마치 보고서를 내는 것처럼 정보 전달에 초점을 맞춘 대화 양식으로 조직의 상하관계에서 발생하는 지배력이나 지위를 주장하는 데 효율적인 커뮤니케이션 스타일이다. 리포트 토크는 사실과 정보에 초점을 맞추어 보다 직접 핵심을 가리키고 요점을 파악하는 경향이 있다. 타넨은 이러한 리포트 토크가 대부분 남성의 의사소통 방식과 관련이 있다고 말한다. 반면 라포 토크는 따뜻한 인격의 만남, 인맥을 쌓고 관계를 맺는 것에 더 초점을 맞춘 의사소통 방식을 말한다. 그것은 친밀감(라포)을 형성하고 공감을 보여주는 것에 초점을 맞추기 때문에 간접적인 대화, 정보보다는 감정 전달에 관심이 많다. 라포 토크는 여성의 의사소통 방식과 관련이 있다.

남자는 지위에 관심이 많으며, 남자로서 자신의 성취나 독립성을 보존하는 데 골몰한다. 사회적 체면이나 평가에 민감하며, 질문은 이러한 평가에 대한 도전으로 인식한다. 남자의 의사소통은 비대칭적 정보로 구성되어 있으며, 대화 중에 자신이 듣고 싶은 부분

만 간취하는 선택적 청취에 능숙하다. 남자는 상대방이 자신의 리포트 토크에서 건질 만한 정보가 없다고 평가할 때 무력감을 느낀다. 남자가 아내와 대화를 하면서도 이를 대화로 느끼지 못하는 이유가 여기에 있다. 반면 여자는 관계에 관심이 많으며 동료의 애정과 관심을 얻는 데 골몰한다. 질문을 통해 공감을 받아야 하며, 가십을 통해 친밀감을 얻기 원한다. 여자의 의사소통은 대칭적 정보로 구성되어 있으며, 사적 대화(평가나 의견)와 공적 대화(사실)를 섞는 경향을 보인다. 여자는 아무런 내용이 없어도 대화 자체에 만족한다. 정보가 아닌 무의미한 추임새나 가벼운 농담으로도 친밀감을 확보할 수 있기 때문이다.

남자의 의사소통	여자의 의사소통
지위를 얻으려는 동기	유대와 관계를 돈독히 하려는 동기
비대칭적	대칭적
정보를 전달하고, 주목을 끌고	라포를 형성하고
논쟁에서 이기는 데 집중	유대감을 만드는 데 집중
무뚝뚝하고, 지배적이며, 강한 어조	차분하고, 공손하며, 민감한 어조
특정한 목적에 집중	관계를 유지하는 데 집중

남녀의 대화 형식의 차이

타넨은 이러한 의사소통 방식의 차이가 남녀 간의 오해와 갈등을 초래할 수 있다고 지적한다. 예를 들어, 여성들은 남성들이 관계와 연결을 확립하려는 그들의 시도를 무시하는 것처럼 보일 때 좌절감을 느낄 수 있는 반면, 남성들은 여성들이 요점에 도달하는 대신 관계를 구축하는 데 집중하는 것처럼 보일 때 좌절감을 느낄 수 있다. 그래서 여자가 "내가 중요해, 일이 중요해?"라고 물을 때 남자는 절망한다. 그런 질문은 남자의 뇌 속에서 합당한 질문으로 성립하지 않기 때문이다. 물론 타넨은 이러한 의사소통 방식의 차이가 특정 상황에서 보완적이고 상호 유익한 결과를 낳을 수 있다고 말한다. 예를 들어, 정보를 신속하고 효율적으로 전달하는 것이 중요한 상황에서는 리포트 토크가 더 효과적일 수 있는 반면, 관계를 구축하고 신뢰를 구축하는 것이 중요한 상황에서는 라포 토크가 더 효과적일 수 있다.

결론적으로 인간의 성심리는 태어날 때 생물학적으로 남자와 여자로 태어나면서 형성된다. 뇌가 발달하면서 의식과 무의식이 발달하는데, 이 과정에서 남자는 스스로의 몸을 인식하며 남자의 성심리를, 여자는 여자의 성심리를 갖는다. 남자는 열정을 갖고 여자에게 다가가며, 여자는 사랑을 통해 남자를 받아들인다. 남자가 신체 구조상 씨를 뿌려야 하는 존재로 시각이 발달했다면, 여자는 남자의 관심과 사랑을 받아야 하는 존재로 청각이 발달했다. 남자는 시각과 페니스가 연결되어 있고, 여자는 청각과 클리토리스가 연결되어 있다. 건강하고 정상적인 남자라면 여자에게 사랑을 주는 것에서 무한한 희열을 느낀다. 마찬가지로 건강하고 정상적인 여자라면 남자의 관심과 사랑을 느끼는 것에서 만족과 오르가슴을 느낀다. 이 과정에서 마음과 성마음이 구분된다. 마음이 선천적이고 유전적이며 본질적인 것이라면, 성마음은 후천적이고 경험적이며 상대적인 것이다.

마음 mind	성마음 sex mind
선천적	후천적
유전적	경험적
본질적	상대적
고정적	가변적

마음과 성마음의 차이

안타깝게도 몸과 마음은 하나라고 말하면서도 실제로 우리는 몸과 마음을 추상적으로만 이해한다. 성을 말할 때 몸body만 말할 뿐 마음mind을 말하지 않는다. 하물며 성마음은 더욱 모른다. 이 차이를 알지 못하면 성범죄의 가해자 혹은 피해자가 될 수밖에 없다.

가해자와 주변인의 회유와 협박

"장난으로 한 거예요. 정말 그럴 줄 몰랐다니까요?"

자신을 체포하기 위해 찾아온 형사들에게 P씨(20대)는 자신의 범행을 완강히 거부하며 외쳤다. 최근 모 TV 프로그램에서 방영되면서 전국적으로 유명해진 황당한 강간 사건이 필자의 관심을 끌었다. 2019년 8월, 세종시 원룸촌에서 믿기지 않는 강간 상황극이 벌어졌다. K씨(30대)는 한 원룸 건물에 들어가 친구를 기다리던 여성 Y씨(30대)의 집에 무단으로 침입하여 그녀를 강간하고 달아났다. 밖에서 문을 두 차례 두들기기에 Y는 친구라고 생각하고 아무 생각

없이 문을 열어주었는데, 기다리던 K가 바로 방으로 진입하여 Y를 거칠게 밀어붙이고 강간한 것이다. 뒤늦게 들어온 피해자의 친구는 강간 피해 상황을 인지하고 피해자 Y와 함께 관할 경찰서에 바로 신고했다. 이후 경찰들이 급파되어 피해자의 진술과 주변 CCTV를 토대로 2시간 만에 피해자의 집에서 1.2킬로미터 떨어져 있던 강간 피의자 K를 체포했다. 그는 190센티미터가 넘는 크고 건장한 남성으로 경찰들에게 태연한 말투로 자신은 상황극에서 연기를 한 것뿐이라고 범행을 전면 부인하고 나섰다.

상황은 이랬다. 피해자의 거주지 맞은편 원룸에서 살던 P는 평소 옥상에 올라가 혼자 살고 있는 피해자의 원룸을 들여다보는 괴이한 취미를 가졌다. 심지어 그는 피해자의 생활을 일거수일투족 살펴보며 휴대폰을 이용해 사진도 찍어온 것으로 나중에 조사과정에서 드러났다. 그는 혼자 방에서 사진을 보고 자위를 하며 성적 판타지를 점차 키워왔고, 욕망이 이성을 지배하게 되었을 때 자신의 판타지를 실행에 옮기기로 마음먹게 된다. 그는 평소 이용하던 랜덤 채팅 앱에서 자신이 피해자 Y인 것처럼 사칭해 '강간당하고 싶은데 만나서 상황극 할 남성을 찾는다.'는 제목의 게시글을 올렸고, 이를 사실로 믿고 있던 K와 카톡으로 대화도 주고받는 주도면밀함을 보여준다. K는 카톡으로 가르쳐준 공동현관 비밀번호와 둘 만의 암호까지 확인하며 게시글이 '35세 여성'이라고 확신하기에 이른다. 그렇게 Y를 흉내내는 P의 지시에 따라 피해자 Y의 집으로 들어가 범행을 저지른 것이다. 소름끼치는 건, P는 범행이 이뤄지던 시각, 자신의 주소로 속여 알려준 Y의 집을 찾아가 열린 현관 틈사이로 K가 Y를 강간하는 현장을 지켜보고 있었다고 한다.

1심에서 P에게는 주거침입 강간교사 등 혐의가 적용되어 징역 15년이 구형되었다. 또한 이 사건과 별개로 집 인근에 주차된 차량에서 다른 여성의 전화번호를 알게 된 뒤 20여 차례에 걸쳐 음란 메시지를 보낸 혐의에 대해서도 유죄를 선고받았다. 다만 재판부는 직접 피해자를 강간한 K에게는 주거침입은 인정되나 상황극이라는 사실을 믿고 현장에 갔기 때문에 강간 혐의는 적용되지 않는다고 보았다. 거짓말에 속아 합의된 상황이라고 판단하여 지시에 따라 상황극을 연기했을 뿐 자신의 행위가 피해자의 의사에 반하는 범죄라는 사실을 알기 어려웠다는 이유에서다. 당장 여성계와 언론은 들끓었다. K가 범행 과정 중에 피해자 반응 등을 통해 이상함을 느꼈을 게 분명하다는 거였다. 검찰은 즉각 항소했고, 사건은 2심과 대법원까지 올라갔다. 결론은 K 역시 강간죄가 성립되어 징역 5년에 처해졌다. 재판부는 K가 자신의 행위가 상황극이 아닌 실제 강간이란 점을 미필적으로나마 인식하고 있었다고 판단했다. 피해자가 주소 같은 개인 정보를 알려줄 정도로 익명성을 포기하고 사회통념상 이런 엽기적인 상황극을 했다고 보기 어렵고, 상황극을 협의하는 과정에서 시작과 종료는 어떻게 할지, 피임기구는 사용할지 등 구체적인 대본도 없이 상황극을 진짜 실행한 건 K의 순수성을 의심케 하는 부분이라고 했다.

가해자와 주변인의 협박은 성폭력 피해자가 넘어야 할 또 다른 난관이다. 성범죄자들은 지속적으로 피해자를 협박하고 신체적, 물리적 압박을 가할 수 있다. 이 과정에서 폭력이나 완력을 사용하여 피해자를 제압하고 신체적인 해를 끼치기 위해 무기나 물리적인 힘을 사용할 수도 있다. 가해자는 수치심과 죄책감, 불안, 우울감을 포함하여 피해자에게 상당한 정서적 피해를 줄 수 있다. 심지어 일부 가해자는 피해자를 통제하고 감금하며 그들이 학대를 신고하는 것을 막기 위해 감정적인 조작을 사용한다. 피해자의 정신을 완전히 통제하여 가해자의 손아귀에서 더 이상 벗어날 수 없다는 무력감을 느끼게 한다. 외상후스트레스장애, 성격 장애, 그 밖의 다른 정신 건강 상태를 포함하여 지속적인 심리적 해를 일으킨다.

문제는 성범죄자의 위협은 개인을 넘어 지인과 주변인, 그리고 사회 전체로 확대될 수 있다는 데에 있다. 성범죄는 공동체의 사회

구조를 손상시키고 두려움과 불신을 일으킬 수 있다. 이 과정에서 피해자는 오명과 차별을 통한 2차 가해를 겪게 된다. 어쩌면 본격적인 위협은 성범죄가 공론화되면서부터 시작되는 것인지도 모른다.

어쩌면 피해자에게 본격적인 위협은 성범죄가 공론화되면서 시작된다

여성 피해자는 가해자 주변인으로부터 언제나 꽃뱀 취급을 받고, 남성 피해자는 주변인으로부터 언제나 "너도 좋았잖아?"라는 말부터 듣는다. 치 떨리는 상황을 복기하고 싶지 않아도 이들의 협작질은 고통의 하중을 증가시킨다. 이 부분은 5장에서 더 자세하게 다루겠다.

04 무고와 성폭력의 갈림길에서

2006년 3월, 무속인 K씨(38)가 한국 샤머니즘 연구의 권위자였던 S 교수(70대)에게 성폭행을 당했다고 경찰에 신고했을 때만 해도 많은 사람들은 반신반의했다. S 교수가 국문학자치고는 TV 여러 프로그램에도 곧잘 출연해왔고 마치 옆집 아저씨처럼 따뜻하고 친근한 이미지를 갖고 있어 사회적으로도 꽤 알려진 인사였기 때문이다. 하지만 사건이 매스컴을 타면서 여론은 급격히 K의 주장을 사실인 것처럼 보도하기 시작했다. S 교수는 자신이 K를 성추행할 이유가 없다며 혐의를 극구 부인했지만, 받아들여지지 않았다. 당시는 국내에서도 미투운동이 하나둘 일어나던 시점이었기 때문에 사회가 일단 성폭행 피해자의 주장을 들어주는 분위기였고, 무엇보다 K가 성폭행의 증거라고 제시한 여러 정황들이 S 교수를 가해자로 특정하기에 부족함이 없어 보였다. 그녀는 성폭행 당시 상황이 담긴 녹음테이프라며 S 교수의 것으로 보이는 체액 샘플과 함께 경찰에 증거로 제출하는 당당함을 보였고, 이는 초기 여론전을 이끌어가는 데 중요한 역할을 했다.

이어 S 교수가 명예교수로 있던 서울 소재 모 대학 총여학생회는 그의 퇴진운동을 이끌며 학내 여론을 주도해 나갔다. 해당 총여학생회는 언론에 보도자료를 배포하고 기자회견까지 열어 "교수가 한 여성에게 성폭력을 행사했으나 학교 측은 성폭력특별위원회를 구성해놓고도 미온적인 태도로 일관하고 있다."며 학교를 강력히 비판하고 나섰다. 당시 총여학생회는 "이 사건에 대해 검찰 수사가 진행 중이며 혐의를 입증할 만한 중요한 증거가 있음에도 학교 측은 검찰 수사를 지켜보자며 시간을 끌면서 명확한 입장을 정리하지 못하고 있다."고 주장했다. 학교는 이러한 안팎의 여론에 압박을 받아 결국 사실관계를 따지지 않고 S 교수를 직위해제하고 말았다. 총여학생회는 한 걸음 더 나아가 담당자와 S 교수의 직접적인 사과까지 요구하며 학내에서 피켓 시위를 벌이기도 했다. 그리고 그렇게 모든 게 끝나는 것처럼 보였다.

하지만 한 달 뒤 검찰 조사는 전혀 다른 뜻밖의 결과를 발표했다. 성폭행을 당했다고 주장한 무속인 K의 주장이 모두 거짓말로 드러난 것. 그녀가 성폭행 당시 녹음했다는 테이프는 조잡한 편집기술을 이용해 교묘히 짜깁기된 것이었으며, S 교수의 체액이라고 제시했던 샘플 역시 해당 교수의 것이 아니었다. 결국 검찰은 K를 무고혐의로 불구속 기소했고 S 교수는 즉각 무혐의 처리했다. 학교가 S 교수의 직위해제를 결정한 지 채 한 달이 되지 않은 시점이었다. K는 조사 과정에서 S 교수가 자신을 무시하는 것 같은 발언을 해서 의도적으로 그를 무고했다며 고개를 숙였다. 검찰이 상황을 살펴보니, 관계를 원했던 건 S 교수가 아닌 무속인 K였으며, 그녀가 교수의 연구실까지 쫓아가 매달렸던 사실도 확인되었다. 이렇게 교수의 무죄가 밝혀지면서 이에 대한 의혹을 강력하게 제기하고 학내에서 마녀사냥을 주도했던 해당 대학 총여학생회에 대한 비판 여론이 쏟아졌고, 결국 고도로 정치화된 총여학생회의 존재가 대학 교육의 공간에 있어야 할 의미를 상실했다며 여학생들의 의견을 묻는 해산투표에 부쳐진 뒤 63.45%의 찬성표를 받아 해산되고 말았다. 하지만 총여학생회는 S 교수에 대한 공개사과나 명예회복에 대한 어떤 조치나 입장도 밝히지 않았고, 교수는 2년 뒤 허망하게 세상을 떠나고 말았다.

성폭행은 아무리 비판해도 마땅한 천인공노할 범죄지만, 성폭행을 빙자한 무고 사건도 최근 많이 발생하고 있는 추세다. **무고**誣告는 없는 일을 마치 있는 것처럼 거짓으로 꾸며 상대를 고발하거나 고소하는 행위로 우리나라 형법 제156조에 따라 10년 이하의 징역 또는 1,500만 원 이하의 벌금에 처하는 범죄다. 무고는 피해자 개인의 일상을 무너뜨리고 법적 안정성을 침해할 뿐 아니라 공개적인 인격살인을 통해 사회적 매장으로 이어지는 끔찍한 범죄기도 하다. 또한 중상모략을 통해 국가를 기망하고 법률기관의 수사 기능과 행정력을 저해하는 비사회적 행위기도 하다. 그러나 더 큰 문제는 따로 있다. 무고를 통해 피해자가 양산되는 사회는 진짜 성범죄에 대한 경각심이 떨어져 국가 사법 기능에 대한 국민 전반의 신뢰가 적어져 성범죄의 사각지대를 낳을 수도 있기 때문이다. 소위 '**양치기 소년 증후군**'처럼 미투를 가장한 무고죄가 사회 전반에 가져오는 이른바 도덕적 해이(모럴해저드)는 무시할 수 없는 무고의 부작용이다.

성범죄만큼 유독한 범죄가 바로 무고다

무고죄는 반드시 단죄되어야 할 범죄지만, 이것이 꽃뱀 프레임으로 변질되어 성폭력 피해를 호소하는 피해자에게 들이대는 무기가 되어선 안 된다. 이는 통계로도 입증된다. 한국여성정책연구원의 연구결과에 따르면, 2017년부터 2년 간 무고죄 단일범 사건 중 피의자가 성폭력 피해자로 밝혀진 건 1,190건이었고, 성폭력 무고 고소 사건 중 단 6.4%만 유죄 선고로 이어졌다. 성폭력 피의자 대비 성폭력 무고 피의자 비율은 1%도 되지 않았던 것. 결국 2017~2018년 기간 동안 검찰의 성폭력 범죄 처리 인원수 71,740명 중 무고죄로 기소된 피의자 수는 556명, 비율로는 0.78%에 불과했다. 성폭력 가해자에 의한 무고 고소는 84.1%가 불기소 처분됐으며, 기소된 사건 중에서도 15.5%는 무죄가 선고됐다. 무고죄가 불기소 처분되는 경우를 유형별로 분석하면 '혐의없음(증거불충분)'이 69.8%로 가장 많았다. 무고 고소의 남발은 피해자로 하여금 성폭력 신고의 의지를 꺾고 포기하게 만드는 사회적 요인이 될 수 있다.

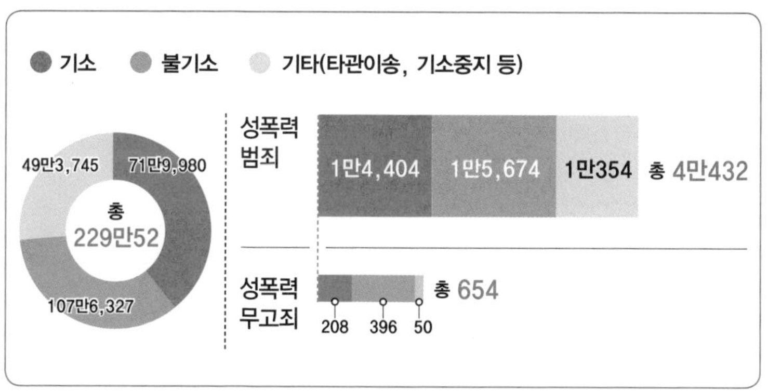

2018년 성폭력 범죄와 무고죄 검찰 처분 현황(단위: 건)
자료 : 한국여성정책연구원 여성폭력 검찰동계 분석(II)

남자든 여자든 무고를 시전하는 심리는 무엇일까? 형법상 무고나 허위 성폭력 주장은 일반적으로 두 가지로 분류된다. 하나가 피해자의 거짓 기억에서 비롯된 허위 주장 혐의고, 다른 하나가 의도적으로 부정확한 주장에 의해 일어난 허위 주장이다. 흔하지는 않지만 첫 번째는 심리학자들이 소위 '**허위 기억**false memories'이라고 부르는 것을 근거로 때때로 사람은 자신이 성폭력의 피해자라고 진심으로 믿는 경우에 해당한다. 허위 기억에서 발생한 성폭행 의혹은 특히 어린아이들 사이에서 가장 빈번히 일어나는데, 그들은 의도를 갖고 그들 뒤에서 조종하는 어른들(부모나 교사, 목사 등)에 의해 자신이 성폭행을 당했다고 믿도록 강요받는다. 아이들의 심리는 완전히 발달하지 않았기 때문에, 성인보다 더 취약하고 잘못된 기억 삽입에 취약할 수 있다.

문제는 두 번째 사례의 허위 주장이다. 고의로 고소 상대를 파멸에 이르게 하려는 의도가 있거나 자신이 다른 혐의나 의혹에서 벗어나려는 의도를 가지고 성폭행을 당했다고 밝히는 것이다. 처음 만난 남자와 원나잇스탠드를 즐긴 여성이 남편에게 전날 행적이 들킬까 두려워 성폭행을 당했다고 무고하는 케이스가 여기에 해당한다. 보통 상대방에 대한 복수나 자신에게 유리한 알리바이나 행적을 만들려는 고도의 술책이 아니라면, 제3의 무고 사건은 단순히 피해자를 대상으로 돈을 편취하려는 생계형 범죄로 발생한다. 특히 최근 들어 금전적 이득을 목적으로 상대를 무고에 몰아넣는 사건이 빈번히 일어나고 있다. 이 밖에 가해자와 피해자 사이의 잘못된 의사소통이나 비언어적 소통이 오해를 낳아 무고 고소가 발생할 수 있다. 이 경우는 남녀가 비록 겉으로는 정상적인 합의에 따라 성관계에 임했다고 해도 한쪽이 관계상 잘못된 정보를 상대에게 보낸 것 때문에 의도하지 않았지만 성폭행이나 강간으로 오해할 수 있는 케이스다. 필자가 상담한 사례 중에는 남녀의 의사소통 차이와 성심리의 몰이해로 특발된 성폭력 사건이 적지 않다. 현행법상 이런 미묘한 남녀의 심리적 차이는 구분되지 않기에, 오로지 무고와 성폭행의 갈림길에선 판사의 재량으로 양측의 범죄가 갈리는 형국이다.

"인간관계를 맺는 목적과 의식 무의식 심리작용"

[우리의 업보는 나의 의도와 목적에서부터 시작한다.]

인간은 사회적 동물입니다. 사회생활이 인간관계고 인간관계가 사회생활입니다. 그래서 인간관계는 상대를 만나는 목적에 맞게 형성됩니다. 목적에 따라 상대가 하는 말과 행동을 인식하고 생각하는 심리가 자연스럽게 만들어집니다. 이때 자신이 인식하고 생각하는 대로 감정과 기분이 형성되어 뇌에 저장되기 때문에 기분과 감정은 상대가 주는 게 아니라 내 생각에 따라 마음대로 기억되는 것입니다. 결국 상대의 말과 행동을 내가 어떻게 인식하고 생각하느냐가 제일 중요하다고 할 수 있습니다.

피해자가 알아야 할 사항 : 가해자가 피해자를 성적 목적을 가지고 만났다면 내가 하고 있는 말과 행동을 모두 성정보로 인식하고 성감정을 기억하게 됩니다. 이 정보와 감정은 모두 나에게 충동적으로 성적 표현을 할 수 있게 만듭니다. 이때 성적 표현은 단지 말로만 하는 것이 아니라 음흉한 눈빛과 스킨십, 스토킹, 페팅 등 다양한 방법으로 이뤄집니다.

가해자가 알아야 할 사항 : 가해자 자신이 상대를 어떤 목적으로 만났느냐가 가해자의 운명을 결정합니다. 피해자를 만난 목적이 성적 표현을 하기 위한 것이라면 피해자가 어떤 말과 행동을 하든지 나이와 지위, 직업의 고하에 상관없이 모든 정보를 성정보로 받아들입니다. 따라서 피해자가 내 말과 행동을 고통스러워하면서 그만하라고 하면 당장 멈추어야 합니다.

❖ 「아폴로와 다프네(Apollo and Daphne, 1908)」 존 윌리엄 워터하우스(John William Waterhouse) 작, 개인 소장.

chapter 5

피해와 상처 그리고 심리변화

"대부분의 여성들이 강간과 살해의 공포를 겪는 동안
대부분의 남성들은 그저 낭만적인 시각에서
비웃음거리가 되거나 수치를 겪는 것을 두려워한다."

—가빈 드 베커—

2021년, 제주도에서는 낯설고 이상한 일이 발생했다. 무속과 성범죄가 뒤섞인 엽기적인 사건이 세상에 알려지게 된 건 이 사건이 법정에서 다루어지게 된 2022년이 되어서였다. 남자 무속인이었던 A씨(48세)는 제주 서귀포시에 자신의 신당을 차려 놓고 점을 봐주고 복채를 받아 생활했다. 그는 점을 보러온 사람들로부터 평소 용하다는 말을 듣던 점쟁이였는데, 자신을 찾아온 여성들에게 "자궁에 귀신이 붙어 있다."고 겁을 줘 유사강간 행위를 저질렀다. 그는 여성들을 눕혀놓고 옷을 벗긴 뒤 퇴마를 핑계로 신체 구석구석을 만지고 주물렀다. 개중에는 손가락을 써서 성기를 쑤시거나 물건을 집어넣기도 했다. A는 버젓이 그와 같은 행동을 하고도 피해자들로부터 굿값이나 퇴마비 등을 명목으로 총 2,400만 원을 받아 챙기기까지 했다.

A가 이런 엽기적인 성범죄를 저지를 수 있었던 건 조력자 여성 B씨(51세)가 있었기 때문에 가능했다. 그녀는 여성들을 A에게 소개하면서 "우리가 여기저기 아픈 건 다 귀신에 씌어서 그런 것"이라며 "나도 이곳에 와서 치료를 받으면서 싹 나았다."고 그들을 신당에 데리고 왔다. B는 영업부장이었던 셈이다. 도중에 이상한 구마의식에 의심을 품은 피해자들을 안심시키며 "귀신이 나가는 과정에서 더 아플 수 있다. 명현반응이기 때문에 좀 견디다보면 나아질 것"이라고 붙들었다. 하지만 꼬리가 길면 잡히는 법. 결국 기소된 A는 이듬해 결심 공판에서 유사강간 등의 혐의로 징역 10년, B는 사기 방조 등의 혐의로 징역 1년을 각각 구형받았다. A는 법정에서 "신체 접촉에 대해서는 인정하지만, 어디까지나 퇴마나 치료 목적이지 추행이 아니다."라며 자신의 성추행 혐의를 부인했다. 그러면서 그는 "사전에 퇴마 행위에 따른 신체 접촉이 있음을 설명했고 피해자들로부터 모두 동의서도 받았다."라며 구형이 과하고 부당하다고 주장했다.

성범죄의 상처는 오롯이 피해자가 살아가는 삶의 한복판에 새겨진다. 성범죄자는 법의 심판을 받고 처벌을 당하지만 피해자의 마음에 남은 상처는 법정의 판결로는 해결되지 않는다. 가해자가 형사 처벌되고 그로부터 합의금을 받아도 피해자의 고통은 사라지지 않고 시간이 갈수록 더욱 선명해진다. 필자가 상담 가운데 만난 많은 성범죄 피해자들은 뼈 마디마디, 골수와 근육 사이사이까지 해체된 듯한 느낌을 받는다고 호소한다. 개중에는 자해를 하거나 극단적인 선택을 하는 이들도 적지 않다. 과연 피해자들의 상처는 무엇이고 어떻게 진행될까? 상담은 이들의 상처를 어떻게 해결해줄 수 있을까? 이번 장에서는 이 부분을 심층적으로 다뤄볼까 한다.

성범죄 피해가 유독 심각한 이유

청년들을 대상으로 교회를 부흥시킨 개신교 목사 J씨(60대)는 우리나라 명문 사립대를 졸업하고 신학대학에서 학위를 마친 뒤 목사 안수를 받고 목회에 임했다. 그가 내세운 진취적이고 공격적이기까지 한 선교전략은 별 볼 일 없던 작은 교회를 단기간 내 가장 가파르게 성장하는 대형 교회로 탈바꿈시켰다. 그가 쓴 여러 권의 서적들까지 덩달아 메가 히트를 기록하면서 교계에서 J 목사의 주가는 그야말로 천정부지로 치솟았다. 하지만 그의 화려한 목회 경력 이면에는 지속적으로 여 청년들을 건드려왔다는 소문이 끊이지 않고 따라다녔다. J 목사의 성추문이 불거질 때마다 교회 관계자들이나 교인들은 해당 여성들을 꽃뱀으로 몰아갔고, 그럴 때마다 J 목사는 마치 불사조처럼 여러 차례 폭로와 고소의 고비를 넘겨가며 해당 교회에서 목회를 지속했다.

문제는 2010년에 터졌다. 오래전부터 J 목사는 목회실에서 여 청년에게 구강성교를 강요하고, 그녀의 음부에 손가락을 집어넣고 거부하는 피해자에게 자신이 자위하는 모습을 보여주기까지 했다. 심지어 예배 시간에 여자 찬양대원의 몸을 더듬는 대담한 행각도 벌였다. 그가 건드린 여신도는 한두 명이 아니었다. 그는 여러 여신도들을 화장실로 불러내 바지를 벗고 자신의 엉덩이를 마사지해달라고 요구하거나 자위를 대신 해달라고 부탁했다. 한 번은 결혼식 주례를 부탁하러 찾아간 여 청년의 가슴과 엉덩이를 주무르기도 했다. J 목사는 이러한 성추행 사실이 공개될 처지에 이르자 해당 여성에게 전화를 걸어 "너 내가 목회를 그만두기를 원하는 거니?" "교회를 이렇게 망가뜨릴 셈이냐?"며 협박했다. 더 이상 상황을 수습할 수 없게 되자, 결국 그는 "하나님 앞에 죄를 범했다."며 담임하던 교회에서 사임했다. 그는 교회를 떠나며 2년간 수도권 내 목회 금지를 조건으로 성중독 치료비 1억 원을 포함한 13억4천5백만 원이라는 거액의 전별금도 받았지만, 1년 뒤 그리 멀지 않은 곳에 새로 교회를 세우는 부도덕한 행보를 이어갔다. 물론 피해자들에 대한 제대로 된 사과나 성중독 치료, 사회봉사는 없었다.

그는 피해자들이 보란 듯이 과거에 대한 뉘우침이나 뼈저린 반성 없이 지금도 강단에 서서 버젓이 하나님의 말씀을 전하고 있으며 자신에게 사죄와 퇴진을 요구하는 이들을 향해 신의 이름으로 저주를 퍼붓고 일방적으로 자신을 음해하는 사단의 세력으로 매도하고 있다. J 목사는 한 설교에서 "깨지고 금 간 사람이 더 인간적이다."라며 이전에 자신의 빗나간 욕망으로 저지른 과거의 비위들을 언뜻 두둔하는 듯한 발언을 해서 사람들을 경악케 했다.

한국 개신교계는 그간 비약적인 교회 성장과 선교적 성공을 이끌었던 그의 과거 행적에 도취되었고 J 목사의 이후 행보에 대해서도 관용적인 태도로 일관했다. 그가 속했던 노회 역시 교회법에 따라 성비위를 일으킨 그를 마땅히 제명하거나 출교 조치를 하지 않고 뭉그적거리며 시간만 끌었다. J 목사는 이에 더욱 힘을 얻고 새로 개척한 교회를 성장시키며 설교를 빙자하여 자신의 과거를 덮는 발언들을 이어갔다. 그는 최근에도 "깨진 그릇이 오히려 하나님의 영광을 담는다."며 신과 교인들 앞에서 추악한 부정不貞을 덮는 무고無辜를 지속적으로 주장하며, 지금도 피해 여성들에게 2차 가해를 저지르고 있다.

이처럼 성범죄가 다른 범죄보다 더 무서운 이유는 처벌과 보상을 통해 사건이 종료된 뒤에도 피해자가 여전히 가해자의 일방적인 주장에 마음을 끓여야 한다는 점 때문이다. 2차 가해는 사건이 종결된 후에도 성폭행 피해자가 다시 한 번 겪어야 할 또 다른 냉혹한 현실이다. 여기서 **2차 가해란** 가해자와 주변 인물들이 도리어 피해자를 비난하고 말과 행동으로 지속적인 트라우마를 가하는 행동과 태도를 말한다.

1999년, 미국의 한 연구팀은 폭행 후 사회서비스 제공자에게 도움을 요청하는 강간 피해자의 2차 가해 정도와 정신적 영향에 대해 미국 일리노이 주 정신보건 전문가들을 대상으로 설문조사를 실시하였다. 연구결과에 의하면, 응답자의 48%만이 법률적, 의료적 서비스가 성폭행 피해자에게 도움이 되었다고 답했다. 설문에 응한 정신건강 전문가의 대다수(84%)는 사회서비스 제공자와의 접촉이 도리어 피해자에게 더 큰 트라우마를 가했다고 밝혔다. 81%의 응답자는 강간 피해자들에 대해 사회가 마련한 현행 법적 제도가 도리어 2차 가해를 가한다고 답했고, 89%는 강간 후 의학적 검사가 피해자들에게 더 큰 트라우마를 입힌다고 답했다. 피해자들을 돕기 위해 파견된 정신건강 전문가 역시 형식적이고 통상적인 질문법으로 인해 피해자의 정신적 외상에 기여한다고 답한 이들도 58%나 되었다.

2차 가해는 특히 군대 내 성폭행 사건에서 자주 발생한다. 2005년, 위와 동일한 연구팀이 수행한 연구에 따르면, 군대 내 성폭행 피해자의 70%는 해당 사건을 보고하지 말라고 권유나 회유, 협박을 받았고, 65%는 사건을 보고하는 것을 거부당했으며, 70%는 사건이 보고할 만큼 심각한 사안이 아니라며 반려당했다. 성폭행 사건이 보고되고 본격적인 조사와 수사가 시작된 뒤에도 2차 가해는 어김없이 발생했다. 성폭행 피해자의 78%가 당시 가해자에게 있는 힘껏 저항했는지 물음에 답해야 했고, 26%는 사건이 일어난 당시 어떤 옷을 입었는지, 혹시 스커트가 너무 짧지는 않았는지에 관한 노골적인 질문을 받았으며, 17%는 자신의 성폭행 증언에 관한 거짓말 탐지기 검사를 받을 의향이 있는지 질문을 받았다. 마치 성폭행이 피해자의 태도나 행동거지 때문에 일어날 수 있다는 뉘앙스를 풍기는 질문에 피해자들은 2차 피해를 호소했고, 이러한 2차 가해 결과 피해자의 83%는 추가 도움을 요청하기를 꺼린다고 답했다. 일부 피해자들은 정신과 진단과 군 제대 형태로 성폭행 신고를 했다가 유무형의 보복에 직면하기도 한다. 예를 들어, 2002년, 동료 군인이 자신을 강간했다고 신고한 한 미국 여성 군인을 상담한 육군 상담원은 30분 만에 그녀를 성폭행 피해자가 아닌 심각한 우울증에 의한 **경계선인격장애**로 진단한 일도 있었다.

안타깝게 우리나라에서도 이런 일이 매년 어김없이 벌어지고 있다. 충남 서산시 제20전투비행단 소속이었던 고 이예람 중사 역시 군과 부대, 상관들의 지속적인 2차 가해로 결국 목숨을 끊고 말았다. 이 중사는 2021년 3월 선임의 회식자리에 합석하게 된다. 당시 그녀는 결혼을 앞둔 예비신부기도 했다. 이후 회식을 마치고 밤 11시경 선임인 장 중사와 함께 부대로 복귀하는 과정에서 후임 부사관이 운전하는 차량 뒷좌석에서 강제 추행을 당한다. 단순히 만지는 수준이 아니라 중요 부위와 가슴을 만지고 강제로 혀를 이 중사의 입속으로 밀어 넣는 식이었다. 이 과정은 고스란히 녹화되었고 이 중사는 여러 번 멈춰달라고 부탁했으나 장 중사의 추행은 20분 간 계속 이어졌다.

이후 부대에 도착하자마자 이 중사는 차에서 뛰쳐나와 선임에게 성추행 사실을 신고했다. 그러나 이는 이 중사 자신을 구렁텅이로 밀어 넣는 선택이었다. 회식을 주도했던 선임 부사관을 비롯 부대 관계자들로부터 이 중사는 지속적으로 2차 가해를 당한다. 성추행 사실이 새어나가지 않도록 입막음을 시도했고, 심지어 이 중사와 결혼을 앞둔 남자친구에게까지 압박을 했다. 이후 이 중사는 20전투비행단 민간인 성고충상담관과 22차례 성범죄 피해상담을 받았고, 상담관한테는 자살징후를 알리는 메시지를 보낼 정도로 심각한 트라우마를 겪고 있었다. 이 중사는 불안장애와 불면증에 시달렸지만 5월 제15특수임무비행단으로 전속되었고, 새로 부임한 부대 내에서 부대원과 간부들로부터 마치 투명인간과 같은 취급을 받고 갖은 조롱을 당했다. 결국 남자친구와 혼인신고를 한 다음 날 이 중사는 20전투비행단 관사에서 스스로 목숨을 끊었다. 23세에 불과한 꽃다운 나이였다.

피해자를 자살로 몰아가는 건 성범죄가 아닌 2차 가해다

성범죄 피해가 다른 범죄보다 유독 심각한 이유는 이 중사의 사례처럼 피해자 스스로 자해를 하거나 자살을 시도하는 사례가 훨씬 높기 때문이다. 또한 피해자가 가해자를 성범죄로 신고해도 대부분 집행유예나 벌금형 등 약식기소에 그치는 경우가 많고 실제 유기징역에 처해지는 경우는 20.4%에 불과하다. 형법이 적용되는 일반 범죄의 유기징역 비율인 29.1%보다 낮은 수치다. 반대로 가해자가 집행유예나 벌금형, 심지어 무죄를 선고받을 비율은 다른 범죄보다 도리어 높은 편이다. 여기에는 나름 이유도 있는데, 무엇보다 성범죄가 보통 증거가 충분치 않은 상태에서 피해자의 진술에만 의존하다 보니 상황에 따라 법리 해석이 갈리는 경우가 많기 때문이다.

특히 성범죄는 다른 범죄에 비해 초범에 대해 관대한 처분을 내리는 경우가 많다. 강간의 경우에도 초범이라면 집행유예로 구속은 면하고, 강제추행은 대부분 벌금형에 그치고 만다. 다른 일반 범죄는 초범 비율이 20%대에 못 미치지만, 성범죄는 상대적으로 초범 비율이 37.1%로 높은 편이다. 또한 합의 여부도 성범죄 형량에 결정적인 영향을 미친다. 대부분의 성범죄 피해자가 경제적 형편으로 가해자가 내민 합의금을 수용하는 경우가 많고, 법원에 '처벌불원' 의사를 밝히면 가해자가 감형을 받는 데 많은 영향을 미친다. 가해자가 무고나 명예훼손 등 맞고소를 통해 피해자를 압박하는 사례 역시 일반 범죄보다 매우 많다. 이 과정에서 피해자는 2차 가해를 당하며 더 큰 심적 고통을 받게 된다.

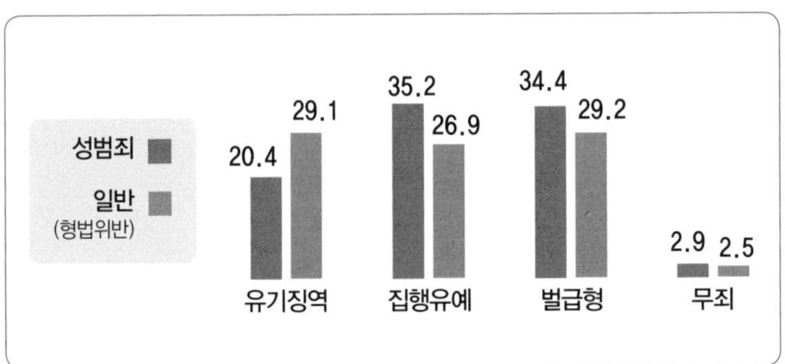

성폭력 범죄 법원 판결 현황 (단위:%)
〈자료: 대법원 사법연감〉

02

성범죄 피해는 남자와 여자가 다르다

여성과 남성이라는 개념은 생물학적 차이와 관련되어 있기 때문에 사람들이 이해하기 쉽다. 그러나 여성성과 남성성의 개념은 생물적 차이와 관련이 약하기 때문에 서로 독립적인 범주로 나누기 어렵다. 그럼에도 심리학자들은 다른 중요한 성격 특성처럼 남성성과 여성성을 개념화하고 측정하려고 노력해왔다. 유명한 스탠포드-비네 지능검사를 만들었던 루이스 터먼Lewis M. Terman과 캐서린 콕스 마일스Catharine Cox Miles는 1936년 극단적인 남성성에서 극단적인 여성성까지 측정할 수 있는 456문항으로 구성된 **남성성-여성성 검사**를 개발했다. 소위 'M-F 테스트'로 불리는 이 검사는 1922년 처음으로 구상되었는데, 90개의 놀이나 게임, 오락에 대한 관심을 IQ 140 이상의 남학생 303명과 여학생 251명이 어떻게 수용하는지를 두고 123개의 문제가 출제되었다. 이후 1925년 놀이나 게임 영역을 넘어 남성과 여성의 전반적인 차이를 파악하기 위해 문항이 확대되었고, 1926년 단어 연상과 잉크 얼룩 연상, 호불호 관련 정보, 내향성 테스트, 정서 및 윤리 등 항목들이 추가되어 제 모습을 갖추게 되었다.

남성성과 여성성은 생물학적 용어가 아니라 심리학적 용어다

기본적으로 이 테스트는 45개의 형용사로 구성되었는데, 응답자에게 각 형용사를 보고 '가장 나 같은 성격'에서 '가장 나 같지 않은 성격'까지 7점 척도로 평가하도록 요청했다. M-F 테스트에 사용된 형용사는 터먼과 마일즈에 의해 신중하게 선택되어 일반적으로 남성성 또는 여성성과 관련된 광범위한 성격 특성을 나타낸다. 예를 들어, '독립적', '논리적', '지배적' 등의 형용사들은 남성적인 특성으로 간주되었던 반면, '감정적', '공감적', '유순한' 등의 형용사들은 여성적인 것으로 간주되었다. 이 테스트는 남녀의 성정체성을 객관적으로 측정하고 성격의 성별 차이를 연구하는 방법으로 20세기 중반에 걸쳐 널리 사용되었으나, 성에 관한 고정관념과 성역할에 대한 통념을 고착화시키고 남녀 성격의 본연의 복잡한 측면들을 너무 지나치게 단순화했다는 비판을 받아왔고 현재는 거의 활용되지 않는다.

1940년에는 **미네소타다면인성검사**MMPI에 남성성과 여성성을 측정하는 M-F 척도가 개발되어 빈번하게 사용되는 남녀 척도로 자리잡았다. 본래 남성의 동성애적 성향을 측적하는 데 관심을 두고 54명의 이성애자 남성과 13명의 동성애자 남성 군인을 대상으로 척도의 타당화 작업이 이뤄졌다. M-F 척도는 전체적으로 개인의 성역할과 성정체성 식별 수준을 측정하도록 56개 항목으로 구성되어 있으며, 항목에서 더 높은 점수는 보다 전형적인 성정체성을 나타낸다. 즉 M-F 척도의 높은 점수는 보다 남성적인 정체성을, 낮은 점수는 보다 여성적인 정체성을 나타낸다. M-F 척도가 특정 임상 및 연구 맥락에서 유용할 수 있지만, 성정체성이 단일 척도로 완전히 포착될 수 없는 복잡하고 다면적인 구성이라는 인식과 함께 성정체성보다는 알코올중독 및 기타약물사용 장애와 더 강한 관련이 있는 것으로 밝혀지면서 효용성에 의문이 제기되었다. 더욱이 심리학적 평가와 진단에서 성별 고정관념의 사용은 많은 논쟁과 비판의 대상이 되면서 척도로 성정체성을 판단하려는 시도에 회의적 시선이 팽배해졌다.

1974년, 코넬대학교 심리학 교수였던 산드라 벰Sandra Ruth Lipsitz Bem은 남성성과 여성성을 분리하여 다른 측면으로 이해했고, 양성성이라는 개념을 첨가함으로써 새로운 남성성과 여성성을 측정하는 척도인 벰성역할목록BSRI을 개발했다. 여기서 '양성성'이라는 건 남성성과 여성성을 동시에 갖고 있는 것이며, 이는 이전에 연구자들이 미처 확인하지 못했던 성차와 성정체성에 관한 새로운 개념이었다.

BSRI는 60가지 특징에 대해 검사자가 '항상 그렇다'에서부터 '절대 그렇지 않다'에 이르는 7단계의 리커트 척도를 통해 자신의 성향을 답하도록 설계되었다. 60개의 문항 중에서 20개는 남성성에 대한 고정관념, 이를테면 야심적인, 독립적인, 경쟁적인과 같은 문항을 넣었고, 또 20개는 여성성에 대한 고정관념, 부드러운, 따뜻한, 이해심 많은 같은, 나머지 20개는 어떤 성별에도 관련성이 없는 무의미한 문항들로 이루어져 있다.

벰은 성정체성을 성유형, 교차성유형, 양성구유형, 그리고 미분화형의 4가지 범주로 나누었다. 먼저 성유형을 가진 개인은 자신의 성별과 일치하는 남성형, 혹 여성형의 정보를 처리하고 통합한다. 교차성유형은 자신과 반대의 이성과 일치하는 정보를 처리하고 통합

한다. 양성구유형은 양성의 특성과 정보를 모두 처리하고 통합한다. 마지막으로 미분화형 개인은 성 유형 정보의 효율적인 처리를 보여주지 않는다. 벰은 남성성과 여성성이 서로 상반되거나 모순된 게 아니라 한 사람 안에서 얼마든지 공존할 수 있다고 주장했다.

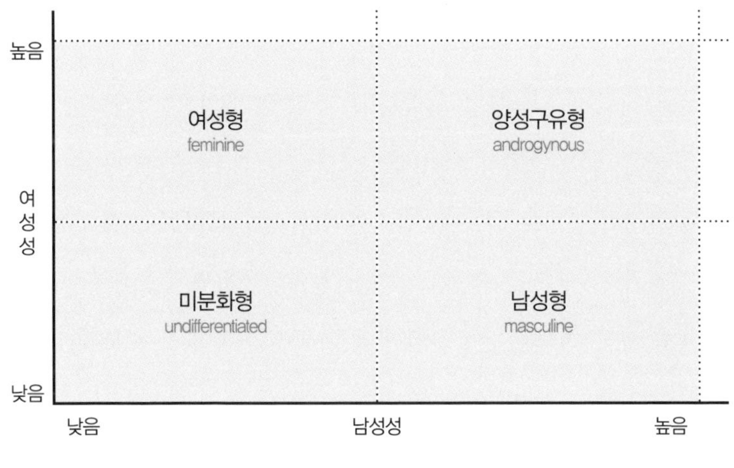

산드라 벰의 네 가지 성격 유형

생리학적으로만 보자면, 벰의 주장이 크게 틀리지 않는다. 남녀는 모두 체내에 남성 호르몬과 여성 호르몬을 함께 지니고 있기 때문이다. 다만 남녀에 따라 그리고 개인에 따라 이 두 호르몬 사이의 일정한 균형을 맞추고 있을 뿐이다. 하지만 심리학적으로 볼 때, 벰의 주장에는 치명적인 문제가 있다. 그녀의 도식에서는 남성과 여성의 생리적 차이에서 간과할 수 없는 성심리의 상반성이 생략될 수 있기 때문이다. 우리는 배고프면 먹고 졸리면 잔다. 식사와 수면에는 남녀가 따로 없다. 하지만 성욕은 그렇지 않다. 인간이 공통적으로 가지고 있는 3대 욕구 중에서 유독 성욕만 남녀가 정반대라는 사실은 남성성과 여성성이 단순히 생물학적 구분으로 퉁치기에 매우 복잡한 심리학적 맥락이 엮여 있음을 말해준다.

여자가 남자에게 몸을 허락하지 않을 때 남자는 성심리에 심각한 타격을 입고, 남자가 여자에게 사랑을 주지 않을 때 여자는 성심리에 심대한 상처를 입는다. 남자의 성심리가 왜곡되면 성도착증이나 성범죄로 나타나며, 여자의 성심리가 왜곡되면 우울증이나 혼외정사로 발현된다. 남자는 여자에게서 열정을 느끼기 때문에, 그 열정이 노력으로 이어지고, 그 노력이 성취를 낳아 커다란 만족감으로 나타난다. 남자가 살아가는 삶의 동력은 이렇게 '내 여자'에게서 느끼는 열정이라는 연료를 연소시킬 때 얻어진다. 하지만 열정은 남자 혼자 만들 수 있는 게 아니다. 여자가 능동적으로 도움을 줘야 남자도 열정을 발휘할 수 있다. 마찬가지다. 여자는 남자의 사랑을 먹고산다. 사랑을 받으면 활짝 핀 꽃이 된다. 몸도 마음도 열리며 남자를 받아준다. 이러한 남녀 무의식의 상반성은 가장 이상적인 남녀관계에 중요한 기준을 보여준다.

이러한 맥락에서 성범죄의 피해 역시 남자와 여자가 겪는 방식이 전혀 다르다. 남자와 여자가 성폭력 피해를 입는 방식과 형태, 후유증과 회복 과정에 큰 차이가 있다는 건 국내외에서 진행된 여러 연구들로 이미 밝혀진 상태다. 한 가지 중요한 차이점은 남자와 여자 사이의 성폭력의 분포다. 연구에 따르면, 특히 어린 시절에 남자가 성적 학대를 경험할 위험이 있지만, 근본적으로 여자가 남자보다 성적 학대나 성범죄의 피해를 입을 가능성이 훨씬 높다. 또 다른 핵심적인 차이점은 남녀가 경험하는 성폭력의 유형에 있다. 예를 들어, 성폭력의 남성 피해자들은 낯선 사람이나 권위 있는 인물에 의한 학대를 경험했을 가능성이 높은 반면, 여성 피해자들은 아빠와 오빠 같은 가족 구성원, 남편이나 남친 같은 친밀한 파트너처럼 그들이 잘 아는 누군가에 의한 학대를 경험했을 가능성이 더 높을 수 있다.

성폭력의 피해와 영향력의 측면에서 남녀 피해자 모두 불안과 우울증, 외상후스트레스장애, 음주와 약물 남용과 같은 광범위한 정서적, 심리적 증상을 경험할 수 있다. 그러나 여러 연구는 남성 피해자들이 여성 피해자들보다 수치심과 죄책감, 자책감을 경험할 가능성이 더 높으며, 주변에 도움을 청하거나 성폭력 피해를 폭로할 가능성은 더 적다는 사실을 보여준다. 전반적으로 남자와 여자의 성폭력 피해자 간에 후유증과 회복 과정에도 적지 않은 차이가 존재한다.

03 성범죄에도 골든타임이 있다

세상 모든 병에는 골든타임이 존재한다. 우리는 주변에서 건강에 무지하거나 자신의 몸에 도통 신경을 쓰지 않고 살아가는 사람들이 뒤늦게 몸에 이상을 느끼고 병원을 찾지만 이미 암이 온몸에 퍼져 도저히 손 쓸 수 없는 경우를 종종 본다. 골든타임을 놓쳤기 때문에 벌어진 일이다. 췌장에서 좁쌀만 한 크기로 시작한 종양이 자라고 자라서 뼈를 타고 전신에 퍼지는 데까지 1년이면 족하다. 아무리 위험한 암이라도 골든타임 내에 발견할 수만 있다면 적절한 치료나 수술로 얼마든지 완치될 수 있다. 그만큼 골든타임은 중요하다. 성범죄에도 골든타임이 있다. 이 시기에 적절한 대응을 통해 피해자를 제대로 케어하면 정신적, 신체적 회복 속도도 빠르고, 강간 트라우마로 2차 피해를 입을 확률도 현격히 줄어든다. 물론 골든타임을 지키는 일련의 과정은 피해자가 성범죄를 바라보는 관점에 따라 큰 영향을 받는다. 무서운 일을 겪었지만 애써 무시하고 평상시와 같은 일상생활을 그대로 지내다가 탈이 나기도 하고, 반대로 세상이 모두 끝난 것처럼 며칠을 두문불출하고 자해를 하는 것 모두 골든타임을 놓치는 전형적인 행동이다. 누구나 성범죄의 피해자가 될 수 있기 때문에 평소 골든타임과 적절한 대응 과정을 숙지해 둘 필요가 있다. 이 과정은 마치 심정지 상태에 빠진 불특정 대상에게 심폐소생을 하도록 권하는 CPR과 유사하다고 할 수 있다.

성범죄 골든타임 대처는 영혼의 CPR과 같다

성폭행 피해자 지인의 대처 방법

먼저 피해자 지인이나 가족, 친구의 입장에서 이 과정을 기술하면 이렇다. "흑흑, 나 강간당했어." 사건을 살펴보면 제일 먼저 지인은 피해자의 강간 사실을 전화로 통보받게 된다. 이때 피해자를 다그치거나 화를 내는 건 금물이다. "으이그, 이 못난이, 어쩌다 그런 짓을 당했어? 그래 가만히 당하고만 있었던 거야?" 이처럼 성범죄의 원인을 피해자에게 **귀책**歸責시키는 반응은 피해자의 심리를 자극시켜 극단적인 행동을 하도록 만들 수 있다. "어디야? 내가 지금 갈게." 차라리 아무 이야기하지 말고 피해자를 먼저 만나는 게 좋다. 동시에 경찰에 피해 사실을 대신 신고하여 함께 현장에서 전문가의 신속한 조치를 받아야 한다. 현장에 도착하면 가장 먼저 피해자를 안전한 곳으로 이동시키는 게 급선무다. 가해자와 마주칠 가능성이 있는 장소에서 벗어나야 하기 때문이다. 절대 피해자가 가해자를 혼자 찾아 나서거나 따로 연락을 취하도록 놔둬서는 안 된다. 주변에 자해도구가 될 만한 물건들을 치워야 하고 피해자가 안정을 취할 수 있는 환경을 조성해야 한다. 자책을 하면 위로를 해주고, 분노하면 진정시킨다.

면식범이든 아니든 상관없이 바로 현장에서 증거를 채취하는 게 중요하다. 이때 피해자의 몸을 구석구석 잘 살피고 피를 흘리고 있거나 신체적 부상이 심각하다고 판단되면, 당장 119에 신고하여 신체적인 치료를 먼저 받게 해야 한다. 특히 성병에 감염되었을 우려에 대해 종합병원이나 응급실을 통해 검사를 받아두는 것을 고려할 수도 있다. 임신 우려는 성범죄 피해자가 겪는 가장 큰 심적 고통 중 하나기 때문에 필요하다면 사후피임약을 복용하도록 유도한다.

피해자 지인이 먼저 해야 할 응급 대처

- 심각한 부상, 신체적 상처가 있다면 즉시 병원으로 옮겨 의사의 진료를 받는다.
- 신속히 112에 신고하여 피해 사실과 함께 가해자의 신상을 알린다.
- 피해자가 가해자를 만날 수 있는 상황이라면 대신 신변 보호를 요청할 수 있다.
- DNA가 발견될 수 있는 피해자의 신체 부위를 씻거나 닦지 않는다.
- 피해자의 타액이나 머리카락, 다른 체액을 포함한 법의학적 증거들을 그대로 둔다.
- 채증 전까지 피해자가 음식을 먹거나, 물/음료를 마시거나, 화장실을 가지 않도록 한다.
- 피해자를 응급실로 이송시킨 경우, 병원 직원에게 당사자가 강간 피해자임을 알린다.
- 응급실 담당자가 피해자 신체에서 법의학적 증거 수집을 수행하도록 요청한다.
- 72시간 이내 성병 검사와 임신 검사를 실시하고 필요하다면 사후피임약을 먹인다.

이때 피해자가 물을 마시거나 몸을 씻도록 해서는 안 된다. 보통 피해자는 몸에 묻은 가해자의 흔적을 지우려고 발버둥 치는데, 중요한 법적 증거가 사라지기 때문에 전문가에 의해 증거가 먼저 채취되도록 해야 한다. 화장실을 가거나 머리를 빗거나 옷을 갈아입는 것도 금지시킨다. 몸에 묻은 실오라기 하나라도 증거가 될 수 있다. 나중을 위해 몸에 난 상처를 포함해 현장을 사진으로 여러 장 남기는 게 좋다. 이를 **채증**採證이라 하는데, 채증은 전문가가 아니라도 누구나 할 수 있는 그리 어렵지 않은 작업이다. 집이 아니라면 장소, 위치 등 주변을 함께 찍어 둔다. 피해자가 가장 신뢰할 수 있는 사람(가족, 친구 등)에게 메시지를 보내거나 전화를 걸어 현 상황을 알려준다. 나중에 보조 증인으로 법정에서 진술을 할 수도 있기 때문이다. 미성년자라면 법의학 절차를 밟는 데 보호자의 동의가 필요하다. 범죄 현장과 관련된 의류, 시트 또는 기타 물건을 밀폐된 비닐봉지에 넣어 두는데, 경황이 없거나 잘 모르겠다면 그냥 그대로 두어서 나중에 전문가에게 일임하는 것도 좋다.

성폭행 피해 당사자의 대처 방법

반면 피해자는 어떻게 대처해야 할까? 피해자가 충격을 받거나 성폭행에 대해 혼란스러워하는 건 지극히 정상이다. 성폭행 피해자라면 무엇보다 내가 무언가 잘못해서 일어난 일이 아니라는 생각이 제일 중요하다. "나에게 이런 일이 일어나다니." "아냐, 이럴 수가 없어." 많은 성폭행 피해자들이 보이는 반응은 현실부정이다. 자신의 신변에 일어난 일을 받아들이지 못하고 사건 자체를 강하게 부정하는 것이다. 가끔은 강간의 기억을 아예 삭제해버리는 피해자도 있다. 감당할 수 없는 충격에 극단적인 선택을 시도하는 경우는 사실 이 과정에서 일어나지 않는다. 피해자가 사건을 계속 상기하고 곱씹고 분석하면서 내적으로 감정을 키우는데, 자살 충동은 도리어 사건으로부터 어느 정도 시간이 지난 이후에 일어난다. 이런 감정은 외상후스트레스장애를 일으키고 자살 위험을 증가시키며, 약물 및 알코올 의존성을 높이고, 신경학 및 혈관 문제, 정신적 트라우마와 관련된 치명적인 정서 상태에 머무르게 한다.

성폭행을 경험한 직후 첫 번째이자 가장 중요한 대응은 그 무엇보다 앞서 스스로의 신체적 안전과 정신적 건강을 우선에 두는 것이다. 대부분의 피해자들은 폭행 직후 상당한 정신적 충격과 신체적 압도감을 경험하면서 투쟁-도피 반응을 유발하고 감정을 처리하는 뇌의 변연계에 과부하가 걸린다. 강간을 당한 피해자들은 종종 우울증과 불안감, 정신적 해리를 경험한다. 일단 신체적으로 안전한 상태에 있다면, 자신을 지지해 줄 수 있는 믿을 만한 사람과 연락을 취하는 게 중요하다. 성폭행에 대해 도리어 피해자를 탓하고 비난하는 문화가 만연한 사회에서 누가 뭐라고 해도 전적으로 피해자 편을 들어줄 수 있는 사람을 먼저 찾는 게 중요하다. 그럴 사람이 주변에 없다면 국가나 지자체, 기관이 운영하는 상담센터나 핫라인을 찾는 것도 하나의 방법이다.

안타깝게도 많은 피해자들이 성폭행 직후 의학적 치료를 받는 것을 꺼린다. 성폭행을 수치스러운 일로 여기고 자꾸 숨기려 하기 때문이다. 그러나 성폭행이 발생한 직후 병원이나 상담센터에 가서 도움을 받는 건 절대적으로 필요하다. 의료 종사자들이 피해자의 신체적 부상을 치료하고 성적, 신체적, 정신적 건강을 살필 수 있기 때문이다. 게다가 전문가들은 DNA나 혈액 샘플 및 다른 각종 증거들을 수집하는 데 쓰이는 **강간 키트**rape kit를 제공해줄 수도 있다. 피해자가 직접 강간 키트를 얻는 게 그리 쉬운 결정은 아닐 수 있지만, 채증은 무엇보다 시간을 다투는 일이기 때문에 가능한 한 빨리 관계자를 만나는 게 필요하다. 자신의 몸에서 법의학적으로 유의미한 증거들을 수집할 수 있는 시간은 72시간에 불과하다. 그것마저도 시간이 갈수록 빠르게 소실된다.

이와 함께 정신과적 치료와 상담이 있어야 한다. 단순히 사건을 다루거나 처리하는 것을 피하고 싶은 욕망은 성폭력 피해자들 사이에서 볼 수 있는 흔한 현상이다. 하지만 스스로 내어놓지 않은 마음의 상처는 결코 아물거나 완쾌되지 않는다. 치료는 회피나 부정을 통해 이루어지지 않는다. 몸의 상처는 만질 때만 아프지만, 마음의 상처는 보는 것만으로도 아프다. 당연히 아플까봐 남들에게 이야기를 꺼내고 싶지도 않다. 하지만 남겨진 상처는 곪고 썩어서 결국 내 정신 전체를 갉아먹을 것이다. 마음을 단단히 먹고 트라우마를 직면한 채 전문가의 도움을 받아 효과적으로 처리하는 것만이 피해자가 빨리 고통에서 벗어날 수 있는 지름길이다.

많은 피해자들이 급성스트레스장애와 외상후스트레스장애의 특징적인 증상들을 보인다. 비록 자신이 일방적으로 폭행을 당했다는 것을 머리로는 알면서도 스스로 '내 잘못이 아닐까?'라는 의구심이 생긴다. 이러한 죄책감은 트라우마의 부정적인 심리적 영향을 악화시킬 수 있다. 이것이 감정을 중재하고, 이해하고, 대처하기 위해서 경험이 많고 잘 훈련된 심리전문가의 도움을 받아야 할 이유다. 기억은 너무 쉽게 왜곡되고 휘발성이 있어 내가 사건을 기억할 때마다 뇌는 전에 볼 수 없었던 새로운 가능성을 사건과 연결하고, 그에 따라 기억을 자동으로 수정한다. 이렇게 독버섯처럼 퍼지는 왜곡된 기억은 결국 피해자를 집어삼키게 된다. 더 무서운 건 이 왜곡된 기억이 시간이 지남에 따라 완화되지 않고 도리어 악화된다는 사실이다. 두려움을 줄이고 우울증을 완화하며 다른 긍정적인 심리적, 정서적, 사회적 이점을 가질 수 있는 집단치료도 고려할 만하다.

마지막으로 법적 고려사항들을 떠올려야 한다. 사실 범죄를 만천하에 드러내고 가해자를 처벌하여 자신이 법적으로 완전히 피해자로 인정받는 데까지 나아가는 건 상당한 용기가 필요하다. 현실적으로 많은 피해자들이 이 마지막 단계로 나아가는 데 주저하는 게 사실이다. 성폭행 사실을 신고하고, 경찰에서 조서를 작성하며, 사법 당국의 절차에 따라 법정에서 가해자에 대해 증언하면서 매번

잊고 싶은 트라우마를 되살려야 하는 공포감이 그들의 발목을 잡는 것이다. 또는 과거 경찰과 부정적인 경험을 한 사람들이 법 집행을 불신할 수 있고, 사회적 평판과 지인들로부터의 낙인이 두려워 신고에 엄두를 내지 못하는 경우도 종종 있다.

피해자들은 그들만의 독특한 방식으로 성폭력에 반응한다. 개인적인 스타일이나 문화, 성장배경, 또는 환경이 이러한 반응에 영향을 미칠 수 있다. 어떤 피해자들은 자신의 감정을 대놓고 표현하는 반면, 다른 이들은 감정을 내면에 담아두는 방식을 선호한다. 자신에게 무슨 일이 일어났는지 다른 사람들에게 즉시 말할 수 있는 이들이 있는가 하면, 성폭행에 대해 아무 이야기도 하지 않은 채 몇 주, 몇 달, 심지어 몇 년을 버티는 피해자들도 있다.

정서적 반응	심리적 반응	신체적 반응
죄책감, 수치심, 자책감, 당혹감, 두려움, 불신, 슬픔, 소외감, 분노, 무력감, 무감각, 혼란, 충격, 불신, 부정	악몽, 플래시백, 우울증, 집중력 저하, 외상후스트레스장애, 불안감, 섭식 장애, 약물/알코올 사용/남용, 혐오감, 낮은 자존감	식사/수면 패턴의 변화, 발한, 불면증, 마비, 상해, 골절, 타박상, 임신, 성병, HIV 감염

성폭력 피해자의 심신 반응들

스웨덴의 한 연구에 따르면, 성폭행 사건이 발생한 후 72시간 이내에 응급실에 도착한 137명의 피해자들을 면담한 결과, 피해자가 성폭력에 대한 그릇된 판단과 비합리적 신념, 왜곡된 무의식을 갖기 이전 의료진이 상담과 치료를 통해 조기에 문제를 해결하면서 트라우마의 발생 비율을 거의 절반 가까이 줄일 수 있었다. 골든타임 내에 조기 상담의 중요성이 너무 중요하다는 사실을 보여준다. 회복하는 데 본인의 생각과 의지가 가장 중요하지만, 사실 혼자서 이 문제를 해결할 수 없는 경우가 많다. 앞으로 어떻게 해야 할지, 앞으로 잘 살 수는 있는지, 법적인 문제부터 신체적, 정신적 충격을 해결하는 문제에 이르기까지 전문가의 절대적인 도움과 인도가 필요하다.

성범죄가 낳은 외상후스트레스장애

성폭력을 당한 후 피해자들은 **강간외상증후군**rape trauma syndrome을 겪는다. 강간외상증후군은 1974년 보스턴칼리지 간호학 교수였던 앤 울버트 버지스Ann Wolbert Burgess와 사회학 교수였던 린다 린틀 홈스트롬Lynda Lytle Holmstrom에 의해 처음 기술되었다. 이들은 강간외상증후군이 급성 단계, 외부조정 단계, 재정상화 단계를 거친다고 말한다. 첫째, **급성 단계**는 강간 후 며칠 또는 몇 주 후에 발생한다. 지속 시간은 피해자가 급성 단계에 머물 수 있는 시간에 따라 다른데, 즉각적인 증상은 며칠에서 몇 주 동안 지속될 수 있으며 외부조정 단계와 겹칠 수 있다. 급성 단계는 흔히 '아무 일도 일어나지 않았어.', '모든 게 괜찮아.' 같이 전면 부정의 태도를 갖거나, 히스테리나 초조함, 불안감을 드러내거나, 충격과 불신에 사로잡힐 수 있다. 개중에 일부는 폭행에 영향을 받지 않고 도리어 침착해 보일 수 있다.

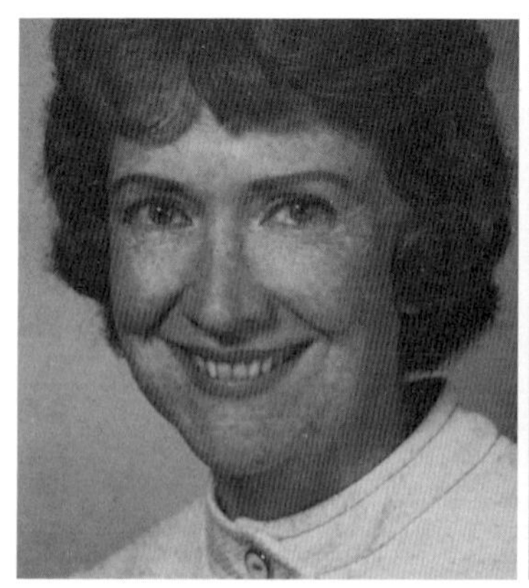

강간 피해자를 심층적으로 연구했던 앤 버지스(좌)와 린다 홀스트롬(우)

둘째, **외부조정 단계는** 겉으로 아무런 일이 일어난 것 같지 않게 행동하는 단계다. 이 단계에 들어선 피해자는 언뜻 정상적인 생활을 다시 시작한 것으로 보인다. 하지만 내적으로 말 못할 심각한 혼란을 고스란히 겪고 있다. 이 단계에 들어선 피해자들이 흔히 보이는 반응은 '아무렇지 않아.'라며 겉으로 애써 피해를 최소화하려 하거나, 반대로 피해를 부풀려 극화劇化하려 한다. 아니면 사건 이야기만 나오면 더 이상 대화가 이어지지 않도록 억압하거나, 반대로 사건을 치밀하게 분석하고 설명하려 든다. 이도저도 아니면 새로운 지역이나 공간으로 이주를 감행하거나, 이전의 나와 다른 모습으로 변신하여 사건에서 도피하려는 경향을 보인다. 하지 않던 생소한 말투와 행동을 보이거나 헤어스타일을 바꾸고 전혀 다른 사람이 된 것처럼 살아간다. 이 단계는 급성 단계보다 훨씬 지속적이고 강간 이후 몇 달에서 몇 년까지 지속될 수 있어 피해자의 정신건강에 더 위험할 수 있다.

셋째, **재정상화 단계**는 피해자가 자신이 외부조정 단계에 놓여 있음을 서서히 인식하기 시작하는 단계다. 피해자는 사건을 직면하면서 고통을 극복하려 한다. 강간이 더 이상 그들의 삶의 중심이 되지 않도록 성폭력의 그림자들을 그들의 삶에 적절히 통합해 나간다. 종교나 신앙은 이때 매우 강력한 저력을 발휘한다. 죄책감과 수치심 같은 부정적인 감정은 서서히 해결되고, 더 이상 성폭행 사건에 대해 자신이나 주변을 비난하지 않는다. 강간과 성폭행의 트라우마는 끝이 없어 보일 수 있다. 피해자들은 공포와 불안, 우울감, 모욕감, 복수심, 퇴행적 반응, 수면 및 섭식장애에서 허우적거린다. 성폭행을 통해 자신의 삶이 영원히 변했다고 느낀다. 그들 중 일부는 극단적 선택을 시도하기도 한다. Y씨(20대)도 그런 피해자 중에

한 명이었다. 그녀는 수도권 모 대학원을 다니던 예쁘고 발랄하기만 하던 학생이었는데, 자신을 지도했던 교수님으로부터 성폭행을 당한 뒤 충격과 모멸감을 이기지 못하고 두 번이나 극단적 선택을 시도했다. 그녀의 부모는 딸이 걱정된 나머지 정신병원에 입원시켰고, 이후 딸이 어느 정도 안정을 찾자 함께 필자의 상담소에 내원하게 되었다.

급성 단계	외부조정 단계	재정상화 단계
피해자가 강간의 고통을 격렬하게 호소하거나 도리어 침묵하는 단계	피해자가 강간이 자신에게 일어나지 않은 것처럼 행동하거나 의식하는 단계	피해자가 강간으로 빚어진 상황을 수습하고 일상으로 돌아가려고 시도하는 단계

강간외상후증후군의 3단계

Y는 전형적인 강간외상후증후군에 시달리고 있었다. "선생님, 저는 이제 더 이상 아무것도 할 수 없을 거 같아요. 제 몸은 완전히 망가졌어요." 필자 앞에서 울부짖으며 자신의 가슴을 치고만 있는 그녀가 너무 안타까워 그냥 함께 붙들고 울어줄 수밖에 없었다. 그녀를 강간했던 교수는 학교를 사직하면서 그녀에게 입에 담을 수 없는 험구를 늘어놓으면서 2차 가해를 시전했고, 순결 상실과 신체적 훼손이 추상적인 자아마저 무너뜨리면서 손목을 그을 수밖에 없

었다. 오만가지 벌레들이 몸을 좀먹어 들어가는 것 같고, 아무리 씻어도 다 지울 수 없는 오물이 온몸에 묻은 것 같다고 호소했다. 그녀는 이른바 '**손상된 제품 증후군**'을 보였다. 손상된 제품 증후군은 자신이 마치 내다 버린 가전제품처럼 완전히 망가졌으며 도저히 고치거나 수리할 수 없는 단계에 빠졌다는 감정 상태를 일컫는다. 보통 순결을 빼앗긴 여성에게서 나타나며, 이 상태에 빠지면 약물 남용과 자해 행동, 자살 시도 같은 자기 파괴적인 행동을 보인다. 스스로 강간을 낙인화하는 것으로 매우 위험한 반추적 사고다.

성범죄 피해자들은 손상된 제품 증후군을 앓는다

강간외상후증후군을 겪는 피해자가 자기 파괴적인 문제 사고를 극복하고 성폭행 사건에 보다 이성적이고 객관적으로 접근할 수 있는 단계가 있다. 이 과정은 단순히 성범죄 피해자가 취할 수 있는 단계적 행동뿐 아니라 성범죄를 당한 지인이나 가족들을 심리학적 골든타임 내에 올바른 치료의 방향으로 적절히 안내할 수 있는 행동 지침이 되기도 한다.

제일 먼저 전문가의 도움을 구하라

무엇보다 강간이나 성폭력의 트라우마로 힘들어하는 피해자들을 상담한 숙련된 치료사나 상담가에게 전문적인 도움을 구하는 것이 필수다. 치료는 피해자의 감정을 처리하고, 대처 전략을 개발하며, 안전하고 지원적인 환경에서 트라우마를 극복하도록 도와준다.

의도적으로 자기 관리를 연습하라

어두컴컴한 집에 혼자 웅크리고 있는 건 금물이다. 당장 밖으로, 밝은 곳으로, 사람 많은 데로 나가라. 심호흡과 명상, 마음챙김, 산책 또는 가벼운 운동 같이 감정을 잊을 수 있는 활동, 차분하고 편안함을 느낄 수 있는 활동에 참여하라. 음식을 굶거나 술을 마시지 말고 일부러 맛있는 음식을 찾아 먹고 충분한 수면을 취하고 맨 정신에 친구와 함께 있으려고 애를 쓴다.

나를 도와줄 수 있는 이들을 찾아라

나를 걱정하고 치유를 바라는 이들을 찾아 나서라. 참여할 수 있는 자조모임, 집단 상담모임, 치료모임 등을 찾아보라. 내가 이 과정을 혼자 겪는 것이 아니라는 감정을 갖고 유사한 경험을 가진 이들과 동병상련을 나누는 게 중요하다. 지원 그룹에 가입하면 내 상황을 보다 객관적으로 보고 이해하는 데 도움이 된다. 성폭력 피해자들을 위한 지원 단체는 서울을 비롯한 대부분의 주요 도시와 온라인에 존재한다.

법적인 조치도 함께 진행하라

감정적으로 대응하지 말라. 자신이 법적인 대응이 요청되는 시기를 겪고 있음을 명심하라. 성폭행을 경찰에 신고하고 가해자에 대한 법적 조치를 추구하라. 이런 일을 잘 알고 있는 전문가들의 도움을 받을 수 있다. 우리나라에 있는 성폭력 상담센터는 피해자를 대신하여 이런 법적 절차를 밟을 수 있다. 이런 조치를 통해 내가 힘을 얻었다고 느낄 수 있고 가해자가 다른 피해자들을 양산하는 것도 막을 수 있다.

심리적 상처가 낳은 자살

프랑스의 사회학자 에밀 뒤르껭은 『자살론』에서 자살이 단순히 개인의 행위가 아니라 사회구조와 사회 통합과 관련된 일종의 사회현상이라고 주장한다. 그는 책에서 네 가지 유형의 자살을 언급했는데, 그중에서 개인이 사회적 통합이나 소속감이 부족할 때 발생하는 '이기적 자살'에 관해 흥미로운 주장을 내놓는다. 뒤르껭에 따르면, 이기적 자살은 공동체 의식이 약하고 개인주의가 팽배한 현대 사회에서 종종 발생한다. 이기적으로 자살하는 사람들은 다른 사람들과 단절되고 사회적 지지가 부족하다고 느끼는 경향이 있기 때문에, 공동체 의식이 약하고 집단보다는 개인들이 주체가 되어 살아가는 현대 사회에서 흔히 볼 수 있다는 것이다. 뒤르껭은 이기적 자살의 원인으로 사회적 고립과 자기정체성의 상실 등을 들었는데, 사별이나 은퇴, 관계의 붕괴 같은 요인들이 사회적 네트워크를 단절시킬 때, 자신이 누구인지, 인생에서 이루고 싶은 것이 무엇인지에 대한 명확한 목적의식이 부족할 때, 더 넓은 공동체에 대한 소속감의 결여와 관계에 대한 욕구 부족으로 자살이 발생할 수 있다고 말한다.

그런 의미에서 성폭력은 자살을 부추기는 매우 현저한 사회현상 중 하나다. 2022년 전북 고창에서 발생한 50대 B씨의 자살 역시 성폭력의 피해자로서 내린 극단적인 선택의 결과였다. 그녀는 술을 마시자면서 혼자 살고 있는 집에 찾아온 헤어진 옛 남자친구 K씨와 그의 동성 친구 Y씨에게 무방비 상태에서 성폭행을 당했다. 당시 B는 몸이 좋지 않다며 술자리를 피했지만, 한사코 K는 "그러면 가지고 온 술을 버리느냐?"며 가지고 온 막걸리를 권했다. 그렇게 원치 않는 술자리가 시작되고 얼마 후 K는 "잠깐 시장에 다녀오겠다."며 자리를 비웠고, 그 사이 Y는 몸을 가눌 수 없던 B를 강간했다. B는 사건 당일 오후 가족들에게 성폭행을 당했다며 수치심을 호소했다. 그렇게 그녀는 경찰 조사를 위해 대기하던 중 수치심을 극복하지 못하고 자신의 집에서 그만 극단적인 선택을 했다. 만약 이때 지인이나 기관에서 제대로 대응했더라면 자살만은 막을 수 있었을지 모른다. 그녀는 "엄마한테 가겠다. 내 아이들 잘 부탁한다. 반려견도 잘 키워 달라."는 유서를 남겼다.

안타까운 사례는 너무 많다. 그중에서 2021년, 초등학교 때부터 동창이었던 여중생 두 명이 청주시 오창읍의 한 아파트에서 동반 자살한 사건은 성폭력과 자살충동의 상관관계에 대해 우리 사회가 다시 한 번 생각할 수 있는 기회를 제공했다. 둘 중에 한 학생은 그 해 2월 초 의붓아버지 K씨에게 성폭행을 당했고, 2월 말 집에 놀러 온 친구 역시 친구 아빠인 K의 마수에 걸려들었다. 그렇게 졸지에 아버지라는 사람에게 강간을 당한 뒤 두 학생은 말할 수 없는 정신적 고통을 호소했다. 성폭행을 당했다고 신고했지만, 영장이 두 번이나 반려되면서 K는 유유히 풀려났다. 충격적인 사실은 그들이 찾아간 정신의학과 상담에서도 동일한 주장을 했으나, 소견서에는 당사자가 꿈이라고 생각한다고 쓰여 있었다는 점이다. 출구가 없었던 둘은 결국 목숨을 끊기로 결심한다. 죽음을 선택한 날 서로 주고받았던 메신저에는 '넌 죽지 말아. 살아서 행복해져. 그게 좋을 거 같아.' '너가 내 옆을 먼저 떠나면 나 되게 아플 거 같아.'와 같은 대화들이 오갔다.

성폭행처럼 충격적이고 압도적인 사건을 경험한 대부분의 평범한 사람들은 자신의 뇌에서 일어나고 있는 복잡한 문제와 신체 변화에 대해 잘 알지 못한다. 사건 직후, 그들은 종종 혼란스럽고 반직관적인 행동을 보이며 스스로에게도 그 이유를 제대로 설명하지 못할 수도 있다. 이 경우 자초지종을 묻는 담당 직원의 발언이나 성폭행의 구체적인 상황을 설명해 달라는 요구에 피해자는 담당자가 자신을 비난하는 것으로 인식하기 쉽다. 우리 뇌의 전면에 위치한 전두엽피질은 이유와 논리, 문제 해결, 계획, 기억과 같은 복잡한 과정을 처리하는 부위인데, 전두엽피질은 특히 사람이 심각한 위협이나 폭행의 한가운데에 처했을 때 빠른 대처와 문제 해결을 위해 주의력을 올리고 감각기관의 기능을 최대치로 상승시킨다. 하지만 성폭행으로 인해 스트레스 호르몬이 증가하면 이러한 전두엽피질의 인지 능력이 급격히 떨어지면서 정상적으로 사고하고 추론하는 능력이 악화된다. 이 상태에서 질문을 던지면 할 말을 찾지 못하거나, 문맥에 맞지 않는 엉뚱한 말을 하거나, 아니면 같은 말을 반복하는 행태를 보인다.

전두엽피질에서 만들어진 반응은 투쟁-도피 반응이다. 여기서 많은 피해자들은 투쟁보다는 도피를 선택하기도 한다. 대부분의 성폭력 피해자들이 이런 문제에 직면했을 때 효과적으로 싸우는 훈련을 받지 않았기 때문이다. 따라서 예방이 치료보다 낫다. 성폭행 피해를 입은 다음 문제를 고치려면 이미 늦는다. 화재나 지진이 발생하기 전에 우리는 학교에서 정기적으로 안전교육과 함께 대피 훈련을 받는다. 지진이 일어난 다음 안전보행을 지시한다고 한들 제대로 이행될 리가 없다. 성폭행은 우리 인생에서 일어날 수 있는 지진과 같다. 정기적으로 매뉴얼에 따라 안전 훈련을 받아야 한다. 안타까운 것은 오늘날 대부분의 성폭력 예방 교육은 인지적인 기반을 토대로 구성되어 있으며, 신체적으로 자신을 방어하는 방법에 대한 실질적인 훈련이나 정서적 트라우마를 극복하는 반복적인 마인드 훈련을 제공하지 못하고 있다. 일례로 경찰과 군인은 갑작스런 위협에 직면했을 때 얼이 빠져서 멍하게 있거나 정상적인 대응을 못하고 얼어붙는 것을 방지하기 위해 일상에서 가상의 상황을 상정하여 지속적이고 반복적인 훈련을 받는다.

그런 훈련 중 하나가 바로 자살충동 제어훈련이다. 자살충동은 성폭행을 당한 피해자가 끔찍한 현실을 도피하기 위해 선택하는 가장 흔한 선택지 중 하나다. 미국 통계긴 하지만, 강간을 당한 여성 피해자의 33%가 자살을 심각하게 고민했다고 답했다. 이 수치는 성폭행을 당하지 않은 일반인보다 4.1배나 높으며, 자살을 시도한 일반인보다 13배나 높은 수준이다. 십대에게는 성폭행 트라우마가 자살 시도에 더 큰 영향을 미친다. 16세 이전 첫 번째 성폭행을 겪은 피해자들은 그 나이 이후에 성폭행을 겪은 사람들보다 3~4배 더 많은 자살 시도가 발생한다고 전문가들을 말한다.

성범죄 피해자는 절대 혼자 있어서는 안 된다

성범죄 피해자들이 흔히 보이는 자살 징후가 있다. 흔히 FACTS라고 불리는데, 성폭행 피해자는 불안정한 **감정**feelings의 표출과 평상시와 다른 이상한 **행동**actions이 감지된다. 이러한 감정과 행동은 급성 단계일 때 훨씬 두드러지게 나타날 수 있다. 평소 친했던 가족이나 친구를 멀리하거나 자신에게 의미 있고 중요한 물건을 아무렇지 않게 내다버리는 행동, 잘 마시지도 못하는 술을 계속 마시거나 약물을 복용하는 모습도 자살의 징후가 될 수 있다. 이어 생활의 **변화**changes도 감지되는데, 전에 입지 않던 옷을 입거나 헤어스타일을 갑자기 바꾼다든지, 중요한 약속을 까먹거나 직장을 무단으로 결근한다든지, 죽고 싶다는 글을 SNS에 남긴다든지 하는 행동들도 모두 이러한 징후에 속한다. 자살을 생각하는 사람이라면 자신의 정서적 상태를 암시하는 표현들, 마지막 도움을 요청하는 SOS를 여기저기에 공개적으로 남기는 특징을 갖는다. 이를 흔히 **위협**threats이라고 하는데, 이 메시지를 허투루 보아 넘겨서는 안 되며 반드시 긍정적

인 피드백을 줘야 한다. 위협은 바로 자살을 촉발하는 **상황**situations으로 이어지기 십상인데, 특히 가해자에 대한 조롱과 모함 등 2차 가해가 여기에 해당한다.

감정 Feelings	슬픔, 원한, 분노, 절망, 혼란, 충격, 자괴감, 모멸감 등
행동 Actions	가족과 친구를 멀리함, 중요한 물건을 내다버림, 술을 계속 마심, 자살을 검색함, 섬뜩한 낙서를 남김, 중요한 일을 까먹음 등
행동변화 Changes	학교를 결석하고 직장을 무단결근함, 외모/머리/옷을 바꿈, 태도가 돌변함, 수면 스타일이 바뀜, 돌발발언을 종종 함 등
위협 Threats	자학을 하고 자해를 함, 죽고 싶다고 말함, 유서를 남김, 의미심장한 글을 SNS에 남김, 자신을 죽여 달라고 말함 등
상황들 Situations	성폭행 조사로 경찰서를 드나들거나 병원을 내원함, 주변이 성폭행 사실을 알아버림, 자신에 대한 2차 가해 등

성폭행 이후 자살의 다섯 가지 징후(FACTS)

정치평론가로 활동하고 있는 J씨(50대)는 과거 야구선수와의 성관계가 언론에 터지면서 자살로 삶을 마감한 여자 아나운서 S씨(30대)의 자살 암시 트위터를 조롱하는 댓글을 달았다. S는 "30알 넘게

삼켜봤고 끈으로도 목도 매봤고 뛰어내리려고도 했다."는 글을 남겼고, 이 글에 대해 J는 "아, 1. M&M, 2. 넥타이, 3. 번지점프 얘깁니다."라는 글로 공개 저격에 나섰다. 결국 그녀는 다음 날 수치심을 견디지 못하고 이불을 뒤집어쓴 채 건물에서 뛰어내려 짧은 생을 마감했다. 평소 페미니스트를 자칭했던 평론가 J는 상황의 심각성을 인지하고 문제가 되었던 글을 급히 지웠지만, 최근까지 자신의 행동에 사과 한 번 하지 않았다.

무엇보다 성폭행이 발생한 이후 피해자는 절대 혼자 있어선 안 된다. 많은 여성 피해자들이 혼자 방 안에 웅크리고 앉아 울다가 소리 지르다가 다시 울기를 반복한다. 혼자 있으면 나쁜 생각이 엄습할 때에 바로 개입해서 자신을 제어해 줄 사람이 없다. 생각을 파다 보면 왜곡된 사고가 더욱 고착되고 폭행의 책임을 자신에게 돌리게 되면서 급기야 자살충동에 내몰리게 된다. 이럴 때일수록 가까운 지인이나 가족, 자신의 마음을 붙들어주고 위로해줄 친구를 찾아야 한다. 지인이나 친구 대신 TV나 인터넷, 스마트폰 등을 보는 것은 왜곡된 사고방식을 더욱 악화시킬 뿐이다. 이런 매체들을 사용자의 생각을 긍정적으로 바꿔주지 못하는 수동적 정보만을 제시하기 때문이다. 과거의 부정적인 기억을 소환하는 사진이나 영상을 보는 것도 좋지 못하다.

알코올을 섭취하거나 약물을 복용하는 것도 피해자가 혼자 남겨졌을 때 종종 빠지는 부정적인 행태다. 음주는 순간 기분을 상승시킬 수 있지만, 이내 더 심한 우울증과 숙취에 빠지기 때문에 성폭행 피해자가 절대 해서는 안 되는 행동이다. 미국 통계에 따르면, 성폭행 뒤 자살로 사망한 피해자의 거의 70%가 사망 전에 알코올이나 약물을 섭취한 것으로 드러났다. 음주는 인지기능을 떨어지게 하고 이성적 판단을 어렵게 만들기 때문에 성폭행 피해자가 충동적으로 자살을 시도하는 확률을 크게 높인다. 특히 알코올은 음주운전이나 무단횡단 중에 사고사로 이어지는 확률도 높이기 때문에 성폭행 사건이 발생한 직후 피해자가 집에 틀어박혀 혼자 술을 마시며 고립감을 가져선 절대 안 된다.

"인간관계와 목적"

- 남자+남자=재미공유
- 여자+여자=상처공유
- 남자+여자=피해와 가해 발생

[남자는 인간관계를 유지 하기 위해서 성정보가 필요하다.]

인간관계에는 다음과 같은 세 가지 형태가 있을 수 있으며 이 세 가지 관계에서 모두 성범죄가 발생할 수 있습니다.

남자와 남자의 인간관계와 목적 : 남자의 인간관계에서는 재미가 유일한 만남의 목적이 됩니다. 남자들의 스포츠나 유흥이 여기에 해당합니다. 성접대나 술모임, 여러 유흥을 통해 돈독한 관계로 나아가는 남자는 때로 목적을 갖고 동성 친구의 비리를 폭로하여 원하는 것을 얻으려 합니다.

여자와 여자의 인간관계와 목적 : 여자의 인간관계에서는 상처 표현이 만남의 주된 목적이 됩니다. 남편 흉보기, 시댁 욕하기, 일상의 힘든 일들, 걱정거리 등을 잡담으로 나누는 게 여기에 해당합니다. 위로와 의존에 길들인 한쪽이 가스라이팅을 통해 동성 친구를 성매매로 내모는 경우도 발생합니다.

남자와 여자의 인간관계와 목적 : 남자가 여자를 만나는 목적은 오로지 성관계입니다. 여자가 남자에게 경제적으로 이득을 보지 않고 성을 제공하는 상황을 남자는 제일 원합니다. 반면 여자가 목적을 가지고 남자를 만나는 경우는 남자에게 경제적 지원과 성적 즐거움을 제공받는 관계로 발전하는 것입니다.

❖ 「사비니 여인들의 강간(Der Raub der Sabinerinnen, 1702)」 세바스티아노 리치(Sebastiano Ricci) 작, 독일 리히텐슈타인 국립박물관(Liechtensteinisches Landesmuseum) 소장.

chapter 6

잘못된 심리상담,
잘된 심리상담

"성폭행을 당한 건 당신 잘못이 아니지만,
거기서부터 치유되는 건 당신 책임이다."

—카렌 A. 던컨—

2013년, 강원도 화천군 소재 모 사단에서 장래가 촉망되는 여자 장교가 스스로 목숨을 끊는 사건이 발생했다. 이 사건은 자칫 묻힐 뻔 했다가 장교의 승용차 시트 아래에서 일기장이 발견되면서 수면 위로 올라왔다. 해당 부대 노 소령(38세)은 오 대위가 부대 배치를 받은 날부터 그녀를 집요하게 괴롭혔다. 이유는 간단했다. "한 번 자자."는 자신의 요구를 거부했다는 것. 노 소령은 앙심을 품고 오 대위에게 지속적인 성추행과 모욕, 구타를 가했다. 부대원들 앞에서 오 대위에게 면박을 주거나 장교가 하지 않는 허드렛일을 시키며 노골적인 화풀이를 했다. 심지어 10개월이 넘도록 오 대위를 야간 근무로 돌리며 정신적, 신체적 학대를 저질렀다. 결국 견디다 못한 오 대위는 자신의 차량에 번개탄을 피워 놓고 생을 마감했다. 당시 그녀에게는 결혼을 앞둔 약혼자도 있었다.

이렇게 단순 자살로 묻힐 뻔했던 사건은 2015년 오 대위의 아버지가 딸의 일기장 속 유서를 발견하면서 급물살을 탔다. 일기에는 당시 딸의 처절했던 저항과 사투가 그대로 담겨 있었다. "나를 볼 때마다 계속 성관계를 요구하고 있어 괴롭다." "하룻밤만 같이 자면 편하게 군 생활을 할 수 있게 해주겠다며 노골적으로 몸을 더듬었다." 그녀에게 탈출구는 없었다. 부대 내에서 그녀의 평판은 추락했고 부대원들은 그녀를 장교로 대하지 않았다. 결국 인내는 한계점에 이르렀다. 오 대위는 노 소령의 괴롭힘에 우울성 장애를 겪다가 결국 부대 인근에 승용차를 세워 놓고 극단적인 선택을 했다. 차량 안에는 타고 남은 번개탄이 있었다. 1심 군사법원은 노 소령에게 징역 2년에 집행유예 4년을 선고했으나, 2심인 고등군사법원은 징역 2년의 실형을 선고했다.

꽃다운 나이에 또 한 명의 성폭행 피해자가 유명을 달리했다. 그녀의 절규는 문자메시지로 남아 법정에서 공개되었고, 그때까지 제대로 된 조치를 취하지 않은 군 당국에 대해 질타가 쏟아졌다. 더 안타까운 것은 그녀를 상담했던 전문가조차 성범죄의 영향을 과소평가했다는 점이다. 심한 우울증으로 정신과를 찾은 오 대위를 살릴 수 있는 기회는 여러 차례 있었다. 전문의는 단순히 항우울제를 처방하는 게 아니라 보다 본질적인 문제, 즉 성범죄가 낳은 무의식의 왜곡을 바로잡았어야 했다. 이번 장에서는 바로 이 부분을 다루어볼 것이다.

01 피해자 상담과 일반 심리상담의 차이

'몸에 좋은 약이 입에는 쓰다.'는 옛말이 있다. 효과가 좋은 약이 먹기에 불편할 수 있다는 말이다. 그래서 우리들 소싯적 어머니는 열병으로 끙끙 앓는 자녀의 입을 벌려 해열제 한 숟갈 넣어주면서 마치 주술이라도 걸 듯 "이거 먹어야 얼른 낫지."라고 되뇌곤 하셨던 것이다. 이 문장을 이렇게 바꿔보면 어떨까? '정신에 좋은 상담이 귀에는 쓰다.' 현대인들은 위로에 중독되어 있다. 주변을 둘러보라. 사고 치고 잠적했던 연예인이 오랜만에 TV에 나와 눈물 콧물 찍으며 어려움을 토로하면 함께 한 패널들이 이러쿵저러쿵 위로와 애정 어린 덕담을 건네는 프로그램들이 많아도 너무 많다. 평소 잘 보지도 않지만 가끔 지인과 식당에 앉아 TV를 볼 때면 단지 나이와 연륜이 있다는 이유로 전문가도 아닌 연예인들이 나와 남의 파탄 난 부부관계며 애정전선에 드리운 먹구름을 해결해주겠다고 소매를 걷어붙이는 걸 보면 상담(?)을 받는 출연자의 이후 심리 상태가 심히 걱정이 되어 밥이 잘 넘어가지 않는다.

그들은 한결같이 출연자를 위로하고 안아주기에 바쁘다. "으이구, 얼마나 고생했어 그래." "앞으론 다 잘될 거야." 잘되긴 개뿔 뭐가 잘된단 말인가? 문제가 해결됐다며, 마음이 이제야 후련하다며 서로 부둥켜안고 눈물 흘리는 모습으로 프로그램은 끝나지만 내담자가 안고 갈 문제는 그 앞에 그대로 놓여 있다. 조명은 꺼지고 카메라는 멈췄지만 해당 출연자의 삶은 그때부터 시작이기 때문이다. 어지러운 도심에서 병원을 찾는 행인에게 잘못된 길을 알려주는 건 그나마 낫다. 가던 길을 돌이켜 되돌아가면 되기 때문이다. 하지만 일생일대의 위기에 봉착하여 인생의 갈림길에 선 내담자에게 잘못된 길을 알려주는 건 그 한 사람의 인생을 송두리째 파괴할 수 있다. 왜냐하면 인생은 되돌아갈 수 없기 때문이다. 근본도 자격도 없는 패널들이 줄지어 앉아 얼토당토않은 조언을 상담이랍시고 던져놓고 서로 깔깔 대고 웃는 프로그램이 속 시원하다며 제목이 '동치미'라니 정말 어이가 없다.

잘못한 심리상담은 하지 않는 것보다 나쁘다. 누군가에게는 매우 도발적인 주장으로 여겨질 수 있지만, 필자는 이런 경우를 너무 많이 겪었다. 엉뚱한 곳에서 잘못된 상담을 받은 피해자들이 인지 왜곡을 통해 자학에 가까운 지경에 이르러 거의 기어오다시피 필자의 상담소를 방문한다. 그들에게 자초지종을 물어보면 토해내는 말들이 충격적이다. 입이 떡 벌어지는 가격대의 상담과정을 거쳤는데 알 수도 없는 이론들만 잔뜩 듣고 상처는 그대로 남은 채 세션이 종결되는 경우가 허다하다. 필자는 지금 다른 상담소를 비난하는 게 아니다. 정상적인 학위와 슈퍼비전을 거친, 수많은 임상사례와 경험을 확보한 상담가가 그렇게 무책임한 상담을 할 리가 없다. 이 업계를 누구보다 잘 알고 있기 때문에 할 수 있는 쓴소리다.

성범죄 피해자의 인지 왜곡은 매우 심각하다. 마치 폭탄제거반이 시한폭탄의 뇌관을 해체하듯, 상담가 역시 하나 하나 왜곡된 사고로 엉킨 복잡한 전선들을 끄집어내어 그 싹을 잘라줘야 한다. **인지 왜곡은** 부정적인 사고 패턴의 일종으로 피해자에게 지속적인 트라우마를 남기며 종국에는 무의식을 뒤틀어 자해나 자살을 낳게 만든다. 상담가가 남녀 무의식의 상반성을 이해하지 못할 경우, 문제를 해결하기는커녕 피해자에게 도리어 이러한 인지 왜곡을 심어줄 수 있다. 사실 우리는 일상에서 어느 정도의 인지 왜곡은 안고 살아간다. 누구나 상황이나 감정을 정확하게 인지하지 못하며 이런 현실을 메타적으로 바라보는 사람도 극히 적다. 인지 왜곡을 통해 그릇된 믿음을 갖게 되고 그 믿음이 삶에서 부정적인 태도를 낳으면서 우리는 불행해진다.그러나 성범죄를 통해 얻어진 인지 왜곡은 이런 일반적인 종류와 차원이 다르다. 그릇된 정보로 채워진 내담자는 피해자에서 성범죄 가해자로 돌변할 수 있다. 성범죄가 피해자에게 심어주는 대표적인 인지 왜곡에는 다음과 같은 것들이 있다.

더러워진 몸 filthy body	"내 몸은 더러워졌어." "그 무엇으로도 날 원래대로 돌려놓지 못해." 자신의 가치가 훼손되었다고 느끼는 치명적인 인지 왜곡으로 성범죄 피해자들에게서 상담 중에 흔히 발견된다.
독심술 mind-reading	"사람들이 내 부정을 알고 있는 것만 같아." "뒤에서 다 날 욕하는구나." 평소 도덕적 표준이 높은 피해자가 종종 다른 사람들이 성범죄를 당한 자신을 욕한다고 생각하는 인지 왜곡을 겪는다.
반추적 사고 ruminating thought	"멍청이, 내가 왜 그를 따라나섰을까?" "그때 왜 싫다고 말하지 못했을까?" 당시 피해 상황, 사건이 일어난 시점으로 반복적으로 돌아가 마음속에서 리플레이를 하며 자책을 하는 피해자들이 많다.
최악의 시나리오 worst scenario	"내 인생은 이제 끝났어." "더 이상 이렇게 살 이유가 없어." 한 번의 성폭행으로 인생이 완전히 끝났다고 느끼는 인지 왜곡으로 보통 모 아니면 도의 사고방식을 갖는 피해자들이 종종 빠지는 정서적 함정이다.

성범죄가 피해자에게 남기는 인지 왜곡의 흔한 유형

인지 왜곡을 인식하는 것은 부정적 사고에 맞서 자기 증오와 학대를 멈추는 출발점이 된다. 이 출발점에 피해자를 데려다 놓는 건 상담가의 몫이다. 인지 왜곡을 식별하고 해결하기 위해 전문적인 상담가를 찾는 것이 필요한 이유가 여기에 있다. 성폭력 심리상담과 일반 심리상담은 비슷한 점이 있을 수 있지만 근본적인 점에서 중요한 차이를 갖는다. 성폭력 상담과 일반적인 상담의 주요 차이점은 상담자의 집중력과 전문성 훈련이다. 성폭력 상담은 성범죄나 성폭행을 경험한 사람을 돕기 위해 마련된 특정 유형의 상담이다. 성적 학대는 촌각을 다투는 불안과 우울, PTSD, 낮은 자존감 등을 유발하며 이를 정확히 간파하여 적절한 상담이 적용되는 경우에 한해 트라우마를 최소화할 수 있다. 성폭력 심리상담은 성적 학대에서 발생할 수 있는 구체적인 트라우마와 정서적 문제를 해결하는 데 초점이 맞춰져 있다. 이러한 성폭력 심리상담에 투입되기 위해서는 일반적으로 트라우마의 영향을 치료하기 위해 특별히 고안된 외상중심인지행동치료나 마음챙김 연습과 같은 기술에 대해 일정한 교육을 받고 오랜 기간 임상경험을 확보해야 한다.

성폭력 상담은 전문적인 상담 기법을 요구한다

반면 일반 상담은 광범위한 정서적, 심리적 문제를 해결할 수 있는 보다 광범위한 유형의 상담이다. 일반 상담가들은 우울증, 불안, 관계 문제, 업무 스트레스 또는 다른 어려움을 겪고 있는 사람들과 함께 일할 수 있다. 일반 상담사는 인지행동치료, 인간중심치료, 솔루션중심치료 등 다양한 치료기법을 교육받아 다양한 문제를 해결할 수 있다. 반면 성폭력 피해자들을 면담하고 상담한 경험이 적기 때문에 전문성이 결여될 수 있다. 상담을 한답시고 피해자의 마음을 마구 헤집어 놓는 경우가 있다. 특히 피해자가 여성일 경우, 남녀 무의식의 상반성 원리를 이해하지 못한 남성 상담가와 성폭력 심리상담을 진행하는 건 마른 섶을 품고 불구덩이에 뛰어드는 것과 같다. 성폭력 심리상담은 구체적인 교육과 전문성을 요구하는 전문적인 상담 유형이다. 성폭력 상담가는 성폭력 피해자가 직면한 심리적 도전을 이해하고, 안전하고 공감할 수 있는 환경에서 지원과 지도를 할 수 있도록 교육 받는다. 일반 상담사들은 또한 성적 학대를 경험한 사람들과 함께 일할 수 있지만, 그들은 성적 학대로부터 발생할 수 있는 특정한 문제와 도전을 해결하는 데 필요한 전문적인 훈련이나 경험이 없을 수 있다.

02

관계중독이 가져온 성범죄

어디를 보더라도 부족한 게 1도 없어 보이던 중년의 P씨(40대)가 필자의 상담소를 내원했다. 그녀는 자리에 앉으며 한참 뜸을 들이다 근심 가득한 표정으로 넌지시 물었다. "저어, 선생님. 오해하지 말고 들으세요. 제가 자꾸 누군가의 조종을 받고 있는 거 같아서 그런데요. 이런 문제도 상담이 되나요?" 필자는 싱긋이 웃으며 답했다. "그럼요, 뭐든지 편안하게 말씀해 보세요."

천천히 마음에 여유를 주면서 이야기를 끌어가자 P는 봇물 터지듯 마음에 담고 있던 문제들을 쏟아냈다. P는 기본적으로 성실하고

착한 마음을 소유한 가정주부였다. 어려서 기독교 교육을 받고 순기능 가정에서 성장했으며, 사회생활 중에 지금의 남편을 만나 원만하게 결혼에도 골인했다. 이후 남편 사이에서 알토란같은 자식도 둘이나 얻었고, 나름 수도권에서 자가를 보유한 중산층 가정을 이루어 남부럽지 않게 살고 있었다.

"듣기에는 전혀 문제가 없어 보이는데요?" 필자는 웃으며 P에게 말했다. "관계 문제인가요?" 그녀는 웃음기가 가신 조금 상기된 얼굴로 필자를 똑바로 쳐다보았다. "문제가 있긴 있는데요. 남자가 아닌 여자예요." 그녀는 내 표정을 살피며 조심스럽게 이야기를 꺼냈다. "아, 오해는 하지 마세요. 무슨 성적인 건 아니니까요." 서둘러 손사래를 치며 그녀는 자초지종을 하나둘 털어놓기 시작했다.

그녀는 같은 직장에서 만난 여자 동료 Y씨(40대)에게 집착에 가까운 감정을 숨기지 않았다. 결론은 P는 Y와 유독한 관계를 유지하고 있는 관계중독자였다. 평소 낯가림도 있고 말수도 적어 내성적이었던 P는 활달하고 왈가닥 기질까지 있던 Y가 처음부터 자신에게 너무 잘 해주었다고 한다. 자신보다 서너 살 많았던 Y는 이거 맛있다 저거 맛있다 음식들도 종종 사주었고 자신이 아프다고 하면 당장 감기약이라도 사다줄 만큼 극진히 대했다. "정말이지 눈물이

날 정도로 저를 잘 챙겨줬어요."

문제는 한 6개월쯤 지났을까. Y가 P에게 점점 이상한 제안을 하기 시작하면서 불거졌다. "하루는 나한테 남자를 한 번 만나보라고 하더군요." 이혼녀이자 관계중독자였던 Y는 애초에 P의 안정적인 가정과 행복한 일상이 마음에 들지 않았던 것이다. 심지어 남편하고 관계가 돈독한 것까지 질투했다. "어머 얘 좀 봐, 순진하기는. 남자는 자고로 믿는 게 아냐. 두 집 살림하는 거 그거 금방이다, 얘는." 그때까지만 해도 주일마다 꼬박 교회도 다니고 나름 정상적인 정서를 갖고 살던 P는 "좋은 언니"로 따르던 Y가 남편부터 의심해보라고 하자 덜컥 겁부터 났다. "언니, 나 무서워." 그러나 Y는 관계중독적 본성을 드러내며 P의 정서를 천천히 갉아먹기 시작했다. P는 관계의 늪에 빠진 것이다.

P는 Y에게 점차 의존하기 시작했고, 이런저런 자질구레한 삶의 문제들을 털어놓고 맹목적으로 Y의 조언을 따르기에 이르렀다. 처음에 Y는 싸고 질 좋은 채소를 어디서 사야 하는지 일러주는 것부터 시작해서 심지어 나중에는 밤에 남편과 잠자리를 가질 때면 어떤 체위를 하라는 것까지 시시콜콜하게 지시하기 시작했다. 그러다 P가 말도 안하고 어디를 갈라치면 불같이 화를 내고 왜 전화를 안

받냐며 소리를 빽 질렀다. 급기야 Y는 심리적으로 불안정해 보인다며 P에게 남자도 붙여준다. "넌 너무 남자를 몰라." 그 남자를 이용해 P를 손바닥에 놓고 조종하려고 했으며, 말을 듣지 않으면 가스라이팅을 하고 남편에게 허위사실을 알리겠다고 협박하기도 했다고 한다. 그때부터 P는 이상한 낌새를 느꼈지만 이미 Y가 쳐놓은 관계의 거미줄에 걸려들어 하릴없이 허공에 대고 발버둥 칠 뿐이었다.

"잘 들으세요. 지금 어머님은 관계중독에 빠진 거예요." "예, 뭐라구요? 무슨 중독이요?" 그녀는 어안이 벙벙하여 아무 말도 못하고 그저 우두커니 필자를 바라보았다. **관계중독**은 특정인과의 관계에 있어 통제력을 상실한 모든 관계를 일컫는다. '사랑밖엔 난 몰라.'를 외치는 경우가 여기에 해당한다. 스스로 로맨틱한 관계를 상정하고 영화 같은 만남을 꿈꾸는 소녀 감성은 여고 시절 들뜬 바람으로 지나가는 건 몰라도 정말 일상에서 그런 완벽한 대상을 찾으려 한다면 평생 아무도 만날 수 없을 것이다.

순정녀들이 관계에 있어 갖는 가장 큰 착각은 사랑에 반응하는 자신에게 아무런 잘못을 발견하지 못한다는 점이다. 사랑중독자들처럼, 관계중독을 가진 사람들은 관계에서 행복을 추구하고 상대에게서 강렬한 화학반응을 느끼기 원한다. 모든 중독이 마찬가지지만 관계중독 역시 자신이 중독자인지 인지하지 못한다.

남녀 간의 관계중독은 남성이든 여성이든 한 개인이 상대방과의 로맨틱한 관계에서 오는 강렬한 경험에 중독되는 행동 패턴이다. 보통 평범한 남녀는 관계중독의 양상과 정상적인 관계의 차이를 구분하지 못한다. 연애하는 감정은, 흔히 가수 김현철의 노래가사에서처럼, "나는 날아 날아올라, 그대와 함께 있을 때면, 올라이트 연애하는 기분이란, 올라이트 정말 좋은 것 같아."라는 반응으로 나타난다. 그러나 관계중독은 기존의 남녀관계에서 이를 지속적으로 느끼지 못하고 새로운 이성을 찾아 나서는 양상을 보인다.

관계중독으로 어려움을 겪는 이들은 비록 관계가 건강하지 않거나 성취감을 주지 못하더라도 종종 관계에 대한 강박적인 필요성을 경험한다. "나는 금사빠야." "사랑이 죄는 아니잖아?" "사랑밖엔 난 몰라."와 같은 온갖 낭만적인 문장으로 단장하고 있지만, 그들은 관계가 끊어지거나 관계로부터 일정 거리를 벗어날 때 지속적인 공허감이나 외로움을 느낀다. 심지어 그들은 새로운 관계를 찾아 자신이 가지고 있는 여러 조건들을 포기하는 결단을 내리기도 한다. 이러한 관계중독의 일반적인 징후는 다음과 같다.

- 항상 이성 관계를 유지하고 싶은 강렬한 욕구를 느낀다.
- 이전 관계를 해결하거나 회복하는 데 시간을 들이지 않고 바로 다른 관계로 넘어간다.
- 누가 보더라도 명백히 건강하지 않거나 학대적인 관계를 유지하려고 한다.
- 로맨틱한 관계를 추구하기 위해 일과 우정, 취미 같은 삶의 다른 영역을 무시한다.
- 관계를 갖지 않을 때 불안감이나 좌절감, 낭패감, 우울감을 느낀다.
- 상대가 관계에 관심이 없어도 강박적으로 생각하거나 관계를 추구하려고 한다.
- 연애할 때는 절정의 행복감을 느끼지만 연애가 끝나면 감정적으로 추락한다.
- 관계를 유지하기 위해 상대의 요구조건을 대부분 받아준다.
- 관계를 끝내고 싶은데 끝내지 못하고 상대에게 질질 끌려 다니기만 한다.

관계중독이 위험한 이유는 여타 모든 종류의 성범죄로 나아가는 관문 역할을 하기 때문이다. 관계중독에 빠진 사람들은 건강하지 않거나 학대적인 관계에 더 취약할 수 있기 때문에 잠재적으로 성적 학대나 성폭행의 피해자로 전락할 위험이 높다. 관계중독으로 어려움을 겪는 개인이 트라우마를 겪거나 자신을 학대한 전력이 있는 경우도 있어 향후 관계에서 다시 피해를 당하기 쉽도록 만들 수 있다. 게다가 관계중독으로 어려움을 겪는 사람들은 관계를 유지하기 위해 파트너의 학대적인 행동을 간과하거나 변명할 가능성도 더 높다. 물론 성범죄는 벼락 같이 일어나기 때문에 관계중독뿐 아니라 어떤 유형의 남녀관계에서도 발생할 수 있고, 관계중독을 수반하는 사람들에게만 국한되는 건 아니다. 다만 성폭행이 관계중독으로 연결되거나 관계중독이 성폭행으로 이어지는 사례에 관한 연구는 꽤 탄탄하다.

관계중독이 위험한 이유는 성범죄로 나아가는 관문이 되기 때문이다

서구에서 행해진 여러 연구들은 일관되게 관계중독이 성희롱과 성범죄에 유리한 환경을 만들 수 있다고 경고한다. 개인이 한 사람과 지배적이거나 지배적인 관계에 있을 때, 다른 사람은 성관계를 거부하거나 자신의 신체 주위에 일정한 경계를 설정할 힘이 없다고 느낄 수 있다. 한마디로 자기 신체의 소유권을 상대에게 넘겨주면서 성적자기결정권을 상실하는 것이다. 게다가 관계중독에 빠진 개인은 상대가 자신이 설정한 경계선을 전혀 존중하지 않거나 성적으로 공격적인 행동을 취할 때 이를 방관하기 때문에 성범죄에 더 취약할 수 있다. 관계중독이 일반 성범죄보다 더 무서운 건 자신이 스스로 성범죄의 피해자라는 사실을 인식하지 못한다는 데에 있다.

2023년, 대한민국을 떠들썩하게 했던 성범죄 사건도 이러한 관계중독의 맥락에서 보면 보다 정확하게 전모를 이해할 수 있다. 대구의 한 40대 부부는 옛 직장동료를 감금해 낮에는 자신의 아이를 돌보는 보모로 활용하고, 밤에는 성매매를 시켰다. 이들 부부는 피해자에게 성매매를 강요하여 화대로 5억여 원을 갈취했고, 피해자를 감시하기 위해 대학병원에서 일하던 직장 후배와 강제 결혼까지 시켜 함께 살게 했다. 이들 부부는 스마트폰 어플을 이용해서 한때 직장 후배였던 그녀에게 2천여 차례 성매매를 알선했다. 몸이 아파서 하기 싫다고 할 때는 밥을 굶기거나 때리는 등 신체적 학대도 서슴지 않았다. 피해자는 2019년 직장 선배를 믿고 무턱대고 그의 집에 들어갔다가 2022년 말까지 비참한 성노예의 삶을 살았다. 당시 사건을 조사한 경찰들을 경악케 한 것은 정작 피해자가 정상적인 사고를 통해 착취 상황을 파악하지 못하고 있었다는 사실이다. 그녀는 자신을 평소 알뜰히 챙기는 직장 선배를 믿고 따르며 어느 순간에 관계중독에 빠져 정서적 지배관계에 놓였던 것이다.

필자는 이 뉴스를 유심히 살펴보았다. 경찰 조사는 해당 사건의 두 여성이 중세 때에나 볼 수 있을 법한 주인과 노예의 상명하복 관계에 놓여 있었음을 보여준다. 두 사람은 직장에서 학습지 교사로 일하며 처음 만나 가까워진 것으로 밝혀졌는데, 피해자인 후배가 가해자인 선배 여성에게 사생활 문제로 이런저런 조언을 구하다 급격히 가까워졌고, 후배는 선배의 지인이 소유한 원룸으로 이사를 하면서 본격적인 범행의 타깃이 되었다. 이후 선배는 후배에게 지속적인 가스라이팅을 시전했고 어느 정도 자신의 지배에서 벗어나지 못한다고 판단한 뒤 본색을 드러내며 노골적인 성매매를 강요했다. 피해자는 자신이 공동의존자로 관계중독에 빠져 있다는 사실도 모른 채 한 순간에 성범죄 대상으로 전락했다.

우리는 이런 뉴스를 들으면 어떻게 상대를 믿어도 그렇게 바보같이 믿을 수 있느냐 분개한다. "요즘 같은 시대에 가능하기라도 한 이야기인가요?" "아니 몸을 팔라고 하면 맞서거나 도망가면 될 것을 왜 그렇게 당하고만 있었죠?" 이렇게 묻는 사람들은 관계중독의 위험성을 잘 모르는 이들이다. 관계중독은 이미 자신이 상대의 조종을 받을 만큼 완전히 정신적 지배를 받고 있는 상태를 말한다. 몸뚱아리 멀쩡하고 자신이 요구하면 뭐라도 할 수 있는 여자라면 그녀를 이용해서 어떻게 돈을 벌 수 있을까? 답은 간단하다. 성매매나 성착취밖에 없다.

골든팝스 중에 에어서플라이의 「투 레스 론리 피플Two Less Lonely People」이라는 노래가 있다. 소싯적에 들어보신 분들은 알겠지만, 평생 기다려온 상대를 만나 오늘밤만큼은 어제보다 덜 외로울 것 같다는 가사다. 그리움과 외로움을 느끼는 게 인지상정이고 인생에 절대적인 사랑이 있음을 부정할 수 없는 것처럼 느껴지지만, 우리는 누구를 만나는 것보다 더 먼저 자신의 성심리와 정서를 이해해야 한다. 누구나 세상에서 혼자일 수는 없다. 하지만 세상에 절대적인 관계란 없다. 억압된 관계는 천국이 아닌 지옥을 선사한다. 건강한 관계는 서로를 놓아줄 수 있고 동시에 서로의 행복을 빌어줄 수 있는 상태에서 확보된다. 앞서 P의 사례에서 보는 것처럼, 동성 간의 관계중독 역시 성착취 같은 비극으로 끝나는 경우가 허다하기 때문이다.

피해자 상담의 궁극적인 목표

나른한 오후의 어느 날 K씨(30대)가 상담소의 문을 두들겼다. 직장인이었던 그는 월차를 내고 지방에 있는 필자의 상담소까지 직접 찾아오는 열의를 보였다. 그의 곱상하고 잘생긴 얼굴만 보면 앳된 티를 채 벗지 않은 미소년 같았다. 상대적으로 왜소한 체구에 말수가 적고 소심해 보여 처음 상담소를 찾았을 때 말문을 여는 데까지 적잖은 시간이 걸렸던 것 같다. 어느 정도 마음이 열린 다음, 그는 자신의 고민을 하나둘 털어 놓기 시작했다.

"제가 점점 짐승처럼 변하는 거 같아서 두렵습니다."

그의 딱한 사연은 이랬다. 어린 시절, 그의 어머니는 그다지 가정적인 분이 아니었다고 한다. 캬바레를 다니며 춤바람이 나더니 외도를 밥 먹듯 했는데, 그의 착실한 아버지는 그런 아내의 무책임한 행동으로 마음에 큰 상처를 입었다고 한다. 아마 7세였던 거 같다. 하루는 늦은 밤 들어온 어머니에게 아버지가 성적인 비하 발언을 하는 걸 듣고 어린 K는 이상하게 성욕이 올라오는 걸 느꼈다고 한다. 그러다 5학년 때인가. 성인 남성한테 성추행을 당한다. 친구 집에 놀러갔는데 친구 아버지가 자신의 성기를 만지며 빨라고 한 것이다. 당시 K는 적잖은 충격을 받았는데, 동시에 남자의 성기를 보면서 야릇한 성욕을 느끼는 자신을 발견한다.

이후 중학교 때였다. 이혼 후 홀로 자신을 키우시던 아버지와 하루는 대중목욕탕을 갔는데, 역시 아저씨들의 벗은 몸을 보면서 성욕을 느낀다. 아마 이때부터였을 것이다. K는 남자의 발기한 성기를 떠올릴 때마다 흥분을 느낀 것이 말이다. 성에 대한 인지가 잘못 형성되면서 성심리의 왜곡이 일어난 것. 중학생일 때, 학교에서 성교육을 받는데 여성의 성기보다 도리어 남성의 성기에 더 맹렬한 성욕이 생겨서 소스라치게 놀라기도 한다. 이처럼 이른 나이에 그릇된 방향의 무분별한 성교육은 부작용을 낳는 경우가 많다. K처럼 성심리 장애가 발생한 상태에서 성기에 대한 정보가 잘못 들어가면 변태성욕자가 될 수 있다.

그렇다고 여자를 싫어한 건 아니었다. 대학 때 여자만 보면 꼬셔서 여관으로 데리고 갔다고 한다. 성관계도 나쁘지 않았다. 동시에 같은 과 남자 동기에게도 이끌렸던 게 남들과 다른 점이었다. K는 그때 스스로 양성애자가 아닐까 생각했다고 한다. 결혼 이후에도 이런 삶은 지속되었다. 아내를 너무너무 사랑하지만 아내 몰래 총각 행세를 하면서 새로운 여자들을 만나고 섹스를 나눴다. 어느 날, 어떤 여성에게 난폭해지는 자신을 발견하게 된다. 여성이 존중되는 섹스가 아니라 여성을 학대하고 때리는 가학적 섹스를 경험하면서 너무 놀라서 상담소에 온 것이다.

상담소에서 성적 문제를 겪는 내담자들을 만나 이야기를 나누다 보면, K와 유사한 사례들을 종종 만나게 된다. 어린 나이에 성범죄에 대한 무분별한 교육이 도리어 성욕을 발생시킨 것이다. 필자는 이전 저서에서도 성교육을 집체교육의 하나로 진행하는 커리큘럼의 위험성을 여러 번 이야기해왔다. 여기서는 성교육과 성범죄와의 연관성만 따로 떼어내어 간단히 설명하겠다. 서구의 성교육, 특히 미국을 비롯한 선진국을 중심으로 한 성교육은 크게 두 가지 종류로 나뉜다. **금욕주의**abstinence-only 성교육과 **포괄주의**comprehensive 성교육이 그것인데, 금욕주의 성교육이 성의 부정적인 측면을 강조하고 이를 억제하고 규제하는 데 방점을 찍은 성교육이라면, 포괄주의 성교육은 성의 긍정적인 측면을 강조하고 이를 원만하게 해소하는 쪽에 방점을 찍은 성교육이다. 금욕주의 성교육은 그동안 미국 교육 현장의 사례들을 통해 이미 틀렸음이 입증되었다. 청소년들을 억눌러 놓고 금욕과 절제만을 가르친다고 해서 그 방향으로 계도할 수 있는 게 결코 아니다. 그렇다고 콘돔을 나눠주고 임신진단시약을 제공하는 포괄주의 성교육이 바람직할까? 우리나라 상황에서는 아직 시기상조일 수 있다.

문제는 기준과 철학을 갖고 제대로 구성된 성교육 프로그램이 현실적으로 부족하다는 것이다. 특히 남녀의 상반성 원리에 기반한 성교육, 남학생과 여학생이 분리된 성교육, 집체교육이 아닌 상담과 교육이 함께 이루어진 성교육은 아직 우리나라 교육 현장에서 요원하다. 미국을 걱정하는 여성CWA을 조직한 비벌리 라헤이 Beverly LaHaye는 성교육이 안고 있는 문제점에 대해 이렇게 말한 적이 있다. "가족이 안고 있는 가장 파괴적인 대적大敵 중 하나는 공교육에서 이뤄지는 급진적인 성교육이다." 그녀는 "요즘 성교육은 아이들에게 이익이 되기에 적당한 수준보다 더 노골적"이라며 "너무 이른 시기에 이루어지는 너무 과도한 성교육은 성에 대한 지나

친 호기심과 강박을 불러일으킨다."고 경고했다. 이와 같은 맥락에서 맬 플레처Mal Fletcher는 "성교육은 어떻게 장기적인 헌신을 달성할 수 있는지 초점을 맞춘 관계 교육이 되어야 한다."고 말했다. 학교에서 단체로 행해지는 성교육을 통해 아이들은 섹스를 모의하고 이성의 몸을 탐색하는 욕망에 쉽게 노출된다. 학교 내에서 성교육의 수요는 지속적으로 늘고 있지만, 그에 발맞춰 적절한 성교육은 전혀 이뤄지지 않고 있다. 성교육의 뿌리는 호기심이 되어서도 경계심이 되어서도 안 된다. 무엇보다 성교육의 근간에는 배려와 이해가 자리 잡고 있어야 한다. 심리적 성향이나 발달체계, 남녀의 각기 다른 성심리에 대한 체계적인 이해, 남녀 무의식의 상반성 원리가 확립된 상태에서 서로의 몸을 이야기해야 한다.

치료에 앞서 남녀의 각기 다른 성심리에 대한 교육과 이해가 필요하다

오늘날 십대 성범죄가 우후죽순 일어나는 이유는 청소년들이 성교육을 통해 성에 대한 전체적인 관점을 얻지 못하기 때문이다. 화두만 던질 뿐 정확하게 성에 대한 지식을 주지 않기 때문에 왜곡된 성지식에 의한 호기심만 키울 뿐이다. 도리어 성교육의 후유증으로 성범죄의 방법만 상세하게 가르쳐주는 역효과가 일어난다. 성교육

때 여성의 성기 도해를 보고 자극을 받아 같은 반 여학생에게 성범죄를 저지르는 남학생도 있다. 이를 대처하기 위해서 올바른 성교육, 전체를 볼 수 있는 체계적인 성교육, 최소한 한 학기 이상의 지속적인 성교육이 필요하다. 자신을 보호하고 사랑하는 사람과의 건강한 인간관계를 위한 성심리 교육을 기본으로 해야 한다. 성범죄에 노출된 피해자들이 인간의 양면성, 성심리의 상반성을 공부하지 않으면 또 다른 호기심을 증폭시키는 결과를 낳기 때문에 언제든지 성범죄 가해자로 돌변할 수 있다.

몸과 마음 사이에서 성이 자라나는데 인간은 생존하기 위해 관계를 맺으면서 심리가 발달하고 감정이 만들어지고 표현하는 체계를 만들어내게 되었다. 이를 심리라고 한다. 몸의 욕구만 있는 게 아니라 마음의 욕구도 있다. 몸의 욕구를 충족시키기 위한 것을 일반 학교의 교육이 담당한다면, 오늘날 마음의 욕구를 다스리는 교육은 왜 부재한 걸까? 자기를 진단하고 자신의 상태를 볼 수 있고 치료가 필요하다는 인식이 있으면 상관없는데, 직접적으로 남녀의 몸을 보여주고 성교육을 시키는 것이 얼마나 위험한지 모르는 교육자들이 너무 많다. 단순히 콘돔을 끼고 성관계를 해야 한다고 가르치는 것, 집창촌을 가는 것이 어떤 문제를 초래하는가 알려주는 것, 성병과 각종 임신 관련 정보들을 나열하는 것이 한창 자라나는 청소년들,

이성에 대한 호기심이 왕성한 십대들에게는 도리어 위험하다.

결국 K는 그렇게 고생을 하다가 필자의 유튜브 영상을 보고 상담실을 찾았다. “전 정말 이런 생활에서 벗어나고 싶어요.” 닭똥 같은 눈물을 뚝뚝 흘리며 필자 앞에서 고개 숙인 K를 보면서 그는 어쩌면 아직 마음속에서 소년의 정체성을 벗지 못했는지 모르겠다는 생각이 들었다. 교육과 현실의 괴리가 강박을 만든다. 사회적으로 성범죄를 막기 위해서는 성심리가 고장 난 사람들이 어떤 행동을 하는가에 대한 교육이 먼저 이루어져야 한다. 그래서 현재 경찰서에서 이뤄지는 모든 성범죄 심문은 성범죄 심리와 이상심리를 전문적으로 다룰 수 있는 상담가의 입회하에 진행되어야 한다.

피해자의 상처는 반드시 치료되어야 한다

흔히 '시간이 약이다.'라는 말이 있다. 당장 아픔과 고통으로 죽을 것 같아도 감정적 상처나 심리적 상흔은 그냥 놔두면 시간이 흐르면서 저절로 치유된다는 말이다. 회복탄력성을 말하는 이들은 인간에게 본유적인 회복력이 있으며 시간이 지남에 따라 점차 상실감을 수용하고 현실로 되돌아갈 수 있다고 주장한다. 물론 일리가 있다. 아무리 우리가 피를 철철 흘리는 부상을 입었다 하더라도 지혈이 되면 상처에 딱지가 앉고 시간이 지나면서 딱지를 밀어내고 새살이 돋아나 다시 원래의 피부를 얻는다. 마음의 상처도 이와 유사하다. 눈앞의 문제에 매몰되어 죽겠다고, 정말 못 살겠다고 길길이

날뛰어도 한 해가 가고 두 해가 가면서 천천히 당시의 고통에서 벗어난다.

시간이 치유 과정에 확실히 도움이 될 수 있지만, 단순히 그저 시간이 지나가기를 기다리는 것만으로 감정적 상처나 심리적 트라우마를 해결할 수 있다고 믿어선 안 된다. 특히 성범죄로 빚어진 상처는 더욱 그러하다. 다른 마음의 상처와 달리 성범죄 피해자가 겪을 수밖에 없는 상처는 무의식을 처절하게 왜곡시키고 성심리를 뒤틀어놓아 이전의 나로 되돌아가지 못하게 영원한 심리적 심연, 탈출 불가능한 무저갱에 가둬놓기 때문이다. 적극적으로 전문가의 지원을 구하고 치료와 운동, 마음챙김, 사회적 지원 등 다양한 형태의 자기관리에 참여하는 게 절대적으로 필요하다. 게다가 치유 과정이 항상 선형적인 것은 아니며 몰지각한 가해자들의 비난과 공격, 성범죄에 대한 부정적인 사회 인식 등 여러 형태의 2차 가해와 장애물들이 피해자를 좌절시키고 무너뜨릴 수 있다. 인내심을 갖고 자신에게 동정심을 발휘하여 필요할 때 전문적인 도움을 구하는 게 무엇보다 중요하다.

피해자가 상처를 극복하는 과정은 여러 단계의 허들을 넘는 것과 같다. 게다가 그 허들은 때에 따라 높낮이가 들쭉날쭉하다. 하나의 장애물을 넘으면 더 큰 또 다른 장애물이 기다리고 있다. 이럴 수밖에 없는 이유는 가해자의 2차 가해, 피해자의 자책과 절망, 가족들의 책망과 회피, 사회적 인식과 통념, 학교나 회사에 퍼진 소문, 리벤지 포르노 따위가 켜켜이 피해자 앞에 놓여 있기 때문이다. 어떤 것들은 피해자의 노력으로 넘을 수 있지만, 또 어떤 것들은 피해자가 아무리 발버둥 쳐도 해결할 수 없는 것도 있다. 이러한 일련의 과정은 일반적으로 다음과 같은 단계들을 거친다.

공개와 폭로 disclosure	피해자가 자신의 성적 학대 경험을 외부에 공개하는 첫 번째 단계다. 대개 자발적으로 이루어지지만, 때로는 본인의 의사와 상관없이 공개되기도 한다. 혹은 평생 공개되지 않는 경우도 많다. 공개의 단계에는 가족 구성원과 친구 또는 전문가가 종종 참여한다.
충격과 부정 shock and denial	성폭행을 부정하는 단계다. 폭로한 후, 피해자는 충격과 불신을 경험할 수 있다. 그들은 자신에게 일어난 사건을 받아들이는데 어려움을 겪을 수도 있다. 대개 혼란스러운 정서 상태를 보이며 지인에게 고통을 호소하기도 한다. 공개 단계와 상관없이 이 단계로 진입하는 피해자들도 적지 않다.
분노와 비난 anger and blame	성폭행을 당한 것에 대해 분노와 자기 비난을 표현하는 단계다. 피해자들은 자신에게 일어난 일에 대해 분노를 느낄 수 있고, 그들 자신, 그들의 학대에 대해 그들 자신, 가해자, 또는 다른 주변인들을 비난할 수 있다. 부정 단계보다는 한 단계 나아간 단계로 이때 현실을 처음으로 인식하게 된다.

절망과 수치 depression and shame	분노를 넘어 절망으로 진입하는 단계다. 피해자들은 슬픔과 절망, 수치의 감정을 경험할 수 있다. 그들은 잠을 자고, 먹는 데 어려움을 겪을 수 있고, 한때 즐겼던 활동에 흥미를 잃을 수도 있다. 이 단계를 잘 넘어가야 본격적인 치유의 단계로 나아갈 수 있기에 피해자 치료에 가장 중요한 시기다.
수용과 치유 acceptance and healing	성폭행의 현실을 받아들이고 수용하는 단계다. 시간과 지원으로, 피해자들은 자신에게 일어난 일을 받아들이고 치유 과정을 시작할 수 있다. 그들은 트라우마에 대처하기 위해 치료나 상담, 기타 다른 형태의 지원을 주변에 구할 수도 있다. 이 단계에는 전문가의 도움이 가장 많이 필요하다.
안정과 복귀 stabilization and return	트라우마를 극복하고 비로소 사회로 복귀하는 단계다. 피해자들이 계속해서 치유 과정을 거치며 자신들의 경험에 대해 목소리를 내고 다른 피해자들과도 연대할 수 있다. 사회로 재진입하며 성폭행의 기나긴 그림자에서 벗어나는 단계다.

성폭행 피해자가 겪는 치유의 여섯 단계

치유는 각기 개별적인 과정이며, 피해자들은 반드시 이 모든 단계를 겪거나 같은 순서로 경험하지 않을 수도 있다. 피해자들이 그들의 개인적인 필요를 충족시키는 지원과 보살핌을 찾는 게 중요하며 상담가는 외부의 방해 없이 그들에게 적절한 도움을 줄 수 있어야 한다. 남녀 무의식의 상반성 이론을 갖춘 상담가는 피해자의 아픔을 공유하고 왜곡된 인지사고를 교정하며 망가진 성심리를 복구

한다. 남자와 여자는 본질적으로 정반대의 성심리를 갖고 있다. 필자가 이미 전작들에서 밝힌 바와 같이, 남자는 자신의 열정을 받아주는 여자에게 마음을 주고, 여자는 자신에게 사랑을 주는 남자에게 섹스를 허락한다. 여자는 남자를 자신 곁에 두기 위해 극단적인 선택도 서슴없이 시도한다. 남자의 가장 귀중한 것을 파괴하거나, 심지어 자신의 자녀마저 살해하는 이중적인 태도를 보여 남자를 관계 중독자로 만들어버린다.

남녀 무의식의 상반성 이론은 성폭력 피해자의 왜곡된 사고를 회복시키는 데 가장 중요한 지렛대가 된다

비록 성범죄는 아니지만 그러한 사례를 하나 들자면, 얼마 전 경기도에서 일어났던 사건이 떠오른다. 별 다른 직업 없이 가끔씩 알바를 하며 지내던 주부 K씨(44세)는 성격 차로 별거 중이던 전 남편과 법적으로 이혼하지 않은 상태에서 자신보다 2살 많은 G씨(46세)를 만나 동거에 들어간다. 그렇게 사실혼 관계에 있던 G와의 사이에서 2013년에는 예쁜 딸도 낳았다. 문제는 집을 떠나 정확한 소재를 알 수 없던 전 남편이 호적에 그대로 남아 있다 보니 둘 사이에서 새로 태어난 딸의 출생신고조차 할 수 없었던 것. 어린이집과 학교는 언감생심일 수밖에 없었다. G는 이전까지 일용직을 전전했는데, 그나마 몸을 다치면서 일을 나가는 날보다 집에서 쉬는 날이 점점 많아졌다. 급기야 두 사람은 딸이 학교에 입학할 나이가 되면서 출생신고와 경제적 문제로 다투는 날이 잦아졌다.

엄밀히 말해서 둘은 서류상 남남이다 보니 2020년 6월부터는 G가 따로 집을 얻어 나가면서 사실상 별거에 들어갔다. 이렇다 할 직업이 없던 K는 경제적 활동을 하고 싶지 않았고 하루종일 집에 웅크리고 있는 게 일이었다. 우울증이 문제였다. 그녀는 G가 경제적 지원을 해주지 않자 금세 심각한 생활고에 시달렸고, 결국 해서는 안 될 선택을 하게 된다. 2021년 1월, 자신의 집에서 당시 8세인 딸의 코와 입을 수건으로 막아 살해하고 만 것. 그녀는 1주일 동안 딸의 시신을 집 안에 방치했다가 같은 달 15일 "아이가 죽었다."며 119에 신고한 뒤 화장실 바닥에 이불과 옷가지를 모아놓고 불을 질러 극단적 선택을 시도한다. 그러나 때맞춰 도착한 119구급대가 불을 끄며 그녀의 자살 시도는 미수에 그쳤다. 다행인지 불행인지 K는 곧장 인근 병원으로 옮겨져 목숨만은 건질 수 있었다.

이후 사건 조사가 이뤄지면서 경찰은 죽은 딸의 생부인 G를 찾아나선다. 그는 K와 가까운 곳의 한 아파트에서 월세로 살고 있었다. 동거녀였던 K의 극단적인 선택을 알게 된 G는 참고인 신분으로 경찰 조사를 받은 뒤 바로 목을 매고 자살하고 만다. 자신 때문에 아무런 죄가 없던 딸이 죽은 것에 심한 죄책감을 느꼈던 것. 사건 발생 1주일 뒤에 일어난 일이었다. 동거남을 향한 복수심에서 비롯돼 결국 그가 가장 아끼고 사랑하는 딸을 죽이는 방법으로 해소하려 했던 과정이 공동의존자에게서 나타나는 형태와 똑같았다. K는 범행 한 달 전 G에게 메시지를 보내 "친정에서 큰돈이 생겨 채무를 해결할 수 있게 됐으니 지방에 내려가서 딸을 키우면서 다시 시작하자."고 설득했다고 한다. 고급 차량과 거주할 집에 대한 사진도 보내는 치밀함도 보였다. 평소 아빠라면 끔찍이 좋아하던 딸도 엄마와 아빠가 함께 살 생각에 기뻐한다는 내용도 잊지 않았다. 물론 이 말은 모두 거짓말이었다. 범행 후 K는 집의 현관 비밀번호도 바꾸고 G에게 계속 딸이 살아 있는 것처럼 꾸며 메시지를 보냈다. 그러나 앞뒤 정황상 G는 딸이 죽었다는 것을 직감했고, 이를 계속 추궁하자 K는 그제야 뒤늦게 경찰에 딸의 사망신고를 한다.

이러한 성심리를 정확하게 이해하지 못하면 성폭력의 그늘에서 신음하는 피해자를 도울 수 없다. 제대로 된 트라우마 치료와 상담 과정은 성폭력 피해자들에게 다양한 신체적, 심리적, 정서적 이점을 제공한다. 성적 학대 피해자들은 두려움과 분노, 수치심과 같은 강렬한 감정을 경험하는데, 트라우마 치료와 상담은 이들이 자신의 감정을 조절하고 압박감을 줄이는 건강한 방법을 배우도록 도움을 준다. 또한 피해자들은 다른 사람들을 신뢰하고 건강한 관계를 형성하는 데 어려움을 겪을 수 있다. 트라우마 치료와 상담은 피해자들이 건강한 의사소통 기술을 배우고 다른 사람들과 더 강한 관계를 형성하도록 도울 수 있다. 더불어 긍정적인 자아의식을 형성하고 자아의 가치, 자기효능감을 높이는 데 큰 유익이 있다. 트라우마 치료와 상담은 피해자들이 자신의 생각과 감정, 행동을 더 잘 이해하고 성찰하도록 돕는 제3의 대안적 관점을 제공한다. 이를 흔히 **자기 객관화**, 혹 **자기 성찰**이라고 하는데, 궁극적으로 자신에 대한 보다 객관적인 관점을 개발하는 것은 시간과 노력, 헌신을 요구하는 지속적인 과정이다. 마음챙김과 자기 성찰, 그리고 꾸준한 치료를 실천함으로써 우리는 자신과 우리의 경험을 더 균형 있고 객관적인 방식으로 볼 수 있고, 우리가 더 많은 정보에 입각한 결정을 내리고 더 명확하고 자신감 있게 삶의 도전을 탐색할 수 있게 해준다. 전반적으로 트라우마 치료와 상담은 성폭력 피해자의 치유 과정에서 가장 중요한 요소가 될 수 있으며, 이들이 삶에서 균형감과 안녕감, 자기통제력을 회복하도록 돕는다.

"남녀의 인간관계 성 범죄"

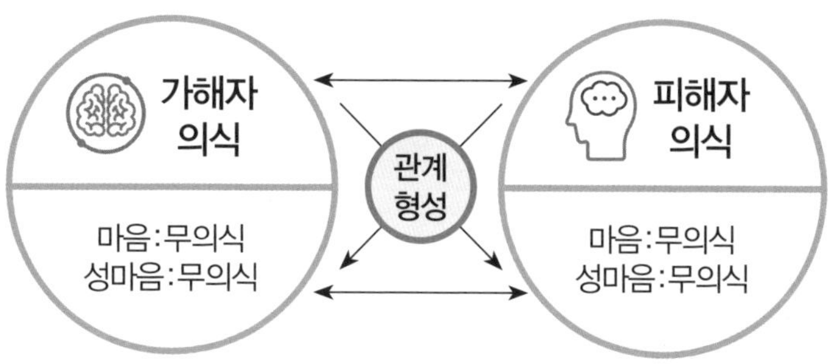

[성의 표현은 이미 의도 성을 가졌기 때문에 자각 하는 것이다.]

인간관계란 나의 의식과 무의식 그리고 상대의 의식과 무의식이 서로 작용하여 상대를 이해하는 것입니다. 이때 인간은 의식뿐 아니라 무의식으로도 상대를 정의하고 판단합니다. 문제는 우리가 의식만 알 뿐 무의식은 말 그대로 의식하지 못한다는 데에 있습니다. 따라서 상대에 대한 의식과 무의식이 자리 잡으면 그때부터 서로 습관적으로 대하는 편안한 사이가 됩니다. 성범죄 역시 이런 편안한 사이에서 발생합니다. 성범죄는 가해자가 이해한 피해자의 감정에 반응한 결과물입니다. 이때 성범죄는 가해자와 관계없이 피해자가 어떻게 느꼈느냐에 따라 성립됩니다. 인간관계에서 항상 심리와 함께 성심리가 작용하는 이유가 바로 이것 때문입니다. 표현은 무의식으로 하면서 성적 표현은 성의식을 갖고 합니다. 따라서 성범죄에는 우발적인 게 있을 수 없습니다. 결국 모든 성범죄는 '의도'를 갖고 있습니다. 반드시 성을 의식한 다음 자기가 자각한 감정을 표현한 것입니다. 다만 무의식이 작용하기 때문에 무의식적으로 한 것뿐이라고 둘러대는 것입니다. 마음의 상처가 깊어서 무의식에 문제가 생기고, 성정보로 기분 전환을 하려고 할 때 성범죄는 자주 일어날 수밖에 없습니다. 가해자는 자신의 왜곡된 성심리를 모르기 때문입니다.

❖ 「타르퀴니우스와 루크레티아(Tarquin and Lucretia, 1609)」 피터 파울 루벤스(Peter Paul Rubens) 작, 러시아 에르미타시 박물관(Hermitage Museum) 소장.

chapter 7

성범죄의 대처방법과 해결

"여왕처럼 생각하세요. 여왕은 실패를 두려워하지 않아요.
실패는 위대함으로 나아가는 또 한 개의 디딤돌일 뿐입니다."

―오프라 윈프리―

당시 무직이었던 K씨(29세)는 상업지구에서 나이트클럽 삐끼로 있으면서 우연히 가출한 P양(15세)을 알게 된다. K는 오갈 데 없는 P를 자신의 집에 들이고, 그녀를 꼬드겨 SNS에 조건만남을 원한다는 글을 게시하여 남성들에게 성매매를 강요했다. P는 성매매를 강요하는 K가 그다지 마뜩치 않았지만, 먹여주고 재워주는 등 K가 자신의 준보호자 역할을 하고 있었기 때문에 그의 말을 따를 수밖에 없었다. 그때부터 P는 1년여 동안 게시글을 보고 연락 온 남성들을 K가 미리 카메라를 설치해둔 모텔로 유인해 성관계 장면을 촬영하여 금품을 뜯는 전형적인 꽃뱀 노릇을 한다. 그날도 연락해온 유부남 C씨(44세)를 유인하여 성관계를 가졌고, K는 C에게 접근해 동영상을 가족 및 지인들에게 유포하겠다고 협박해 돈을 뜯어낸다. 처음 2,000만 원을 갈취한 뒤 이에 만족하지 않고 이후로 3,000만 원을 송금하라는 K의 압박이 이어지자, 결국 견디다 못한 C는 스스로 목숨을 끊으며 자칫 묻힐 뻔했던 사건이 언론에 공개된다.

본 사건을 추적하던 경찰은 C가 협박에 시달렸다는 사실을 문자를 통해 확인하고 그에게 돈을 뜯어낸 공범 K와 P를 전격 체포했다. 결국 서울남부지검 여성아동범죄조사부는 성폭력 처벌 등에 관한 특례법위반과 공갈 등의 혐의로 K를 구속 기소했고 공범 P는 불구속 기소했다. P는 미성년자로 구속 등 직접적인 처벌은 피했지만 한순간의 실수로 인생이 나락으로 떨어지게 되었다. 이러한 경우, K와 같은 성범죄자는 자신이 일체 성관계를 강요한 적이 없으며 어디까지나 P와 합의를 거쳤다고 발뺌하기 십상이다. 하지만 나이와 지위를 무기로 대상을 억압하는 성범죄자는 가스라이팅을 통해서 얼마든지 정신적으로 상대를 지배할 수 있다. 이번 장에서는 가스라이팅과 그루밍 등 성범죄의 다양한 방식과 여기서 벗어나는 길, 법적 대처법, 치유 과정 등을 살펴보도록 하자.

01

성범죄는 초기 대응이 가장 중요하다

성범죄가 가져온 트라우마는 피해자의 일상을 파괴한다. 먼저 잠이 오지 않는다. 방구석에 웅크리고 몇날 며칠을 울기만 한다. 밥도 먹지 않는다. 물도 마시지 않는다. 진저리 쳐지는 당시 상황이 계속 떠올라 빈속에 술로 날밤을 지새운다. 주변에서는 잊어버리라고 하지만, 도무지 잊어버릴 수가 없다. 어찌 잊을 수 있을까? 피해 과정 하나 하나가 주마등처럼 뇌리를 스쳐지나갈 때마다 몸과 마음에 소름이 돋아난다. 꿈 많은 고등학생이었던 P양(10대)은 미술학원 1년 선배로부터 성폭행을 당하고 일상의 모든 것들이 공중분해된 것 같았다고 고백했다. 상담소를 내원한 그녀는 필자 앞에서 그냥 울기만 했다. "선생님, 저요. 그날 이후론 잠을 못 자요. 잠을…." 그 좋아하던 그림도 포기하고 말았다. 캔버스를 볼 때마다 잊었던 당시 기억들이 오돌토돌 돋아나기 때문이다. 필자 역시 그녀 또래의 딸이 있었기 때문에 너무 마음이 아팠다. 자신을 가해한 남학생은 그 어떤 처벌도 받지 않고 보란 듯이 미대에 진학했다. 대학 가서 같은 과 여자친구도 사귄 거 같다는 말도 들었다. 오직 그녀만 3년 전 불 꺼진 미술학원 한 귀퉁이에 쪼그리고 앉아 있을 뿐이다.

성범죄는 초기 대응이 가장 중요하다. 식음을 전폐하고 잠도 자지 않는 건 문제 해결에 전혀 도움이 되지 않는다. 먼저 몸을 진정시키는 기술이 필요하다. 몸과 마음은 전혀 다른 메커니즘을 갖고 있지만, 서로 긴밀히 연결되어 있다. **심신적 상호작용**은 과소평가되어 있다. 생체리듬을 돌려놓고 주기적 신진대사를 원상복귀시키는 것만으로도 많은 정신적 문제들이 제자리를 찾을 수 있다. 도리어 과거 일상에서 해왔던 습관적인 행동과 삶의 주기를 반복해보라. 우선 잠부터 되돌려야 한다. 고대 문학 장르에서 반복되는 유비類比로써 잠은 죽음이다. 잠을 통해 더럽혀진 나를 장사葬事지내는 것이다. 죽어야 새로 태어난다. 밥도 꼬박꼬박 먹어야 한다. 억지로라도 한술 떠야 기력을 찾을 수 있다. 몸을 이완시키고 마음을 다스릴 수 있는 요가나 필라테스도 좋다. 신체의 생리적 반응을 진정시킬 수 있는 많은 대처법을 시도하자.

많은 성폭행 생존자들은 자신에게 무슨 일이 일어났는지 상황을 이해하고 분석하려는 충동에 사로잡힌다. '내가 그때 그와 함께 가지만 않았어도.', '내가 미쳤지, 그가 준 술을 왜 받아먹었을까?' 이렇게 피해자가 과거를 복기하고 당시 사고의 균열점을 찾으려고 발버둥 치는 건 타임머신을 타고 당시로 돌아가 그때 상황을 되돌려 놓고 싶은 충동에 사로잡히기 때문이다. 사건이 성립하도록 아귀가 맞아 들어간 그 마지막 퍼즐을 그 자리에서 빼내고 싶은 마음은 충분히 이해하지만, 바람직한 대처가 아니다. 이 과정에서 나도 모르게 기억을 왜곡시키거나 무의식을 비트는 일이 일어나기 때문이다. 기억 속에서 맞았던 퍼즐은 절대 현실에서는 맞지 않는다. 내가 쥐고 있는 퍼즐은 점점 부풀어 올라 주변 퍼즐과 짝이 맞지 않는다. 아무리 애써도 마지막 퍼즐은 나를 치유하지 못한다. 그 어려운 일을 혼자 하지 말라. 숙련된 상담가는 당신이 상황을 직면할 수 있도록 도울 수 있다. 이는 손에 쥔 과거의 퍼즐을 내려놓고 새로운 인생의 퍼즐을 맞추는 길을 찾도록 안내한다. 불안정한 회상, 거슬리는 기억, 재앙과도 같은 판단을 멈추게 하고 정제된 감정을 통해 능숙하게 대처할 수 있는 기술을 제시한다.

그 어떤 경우든 반드시 전문가를 찾아야 한다. 수사 전문가와 감정 전문가는 전혀 다르다. 사건을 법의 관점에서 정의하고 가해자와 피해자를 특정하는 수사 전문가는 관계자를 입건하고 취조할 수는 있어도 피해자의 마음을 헤아리고 치유할 수는 없다. 여기서 감정 전문가는 마치 의사와 같다. 현실적으로 다치거나 병이 위중할 때에는 가해자라도 우선 병원에서 치료를 진행한다. 문제는 뒤에 남겨진 피해자다. 외부의 상처는 눈에 잘 띄지만 내부의 상처는 감정 전문가가 아니면 파악조차 불가능하다. 괜히 어설픈 대처를 할 바에는 차라리 그냥 두는 게 좋다. 법원에서 선고 전에 가해자에게 피해자와 합의를 제시하고 최소한의 진심을 표시하라고 명령하지만, 과연 합의금을 받는다고 피해자의 상처가 치료될 수 있을까? 감정이 그때의 모든 걸 다 기억하게 만들고, 이 감정들이 질긴 엉겅퀴로 자라나 발목을 붙들고 다시는 행복하게 살 수 없도록 만드는데 눈물 젖은 손아귀에 돈 몇 푼 쥐어준다고 해서 그 모든 아픔과 고통이 해결될 수 있을까?

수사 전문가와 감정 전문가는 전혀 다르다

트라우마에도 골든타임이 있다. 필자의 오랜 경험에 따르면 그 골든타임은 대략 2주 정도다. 물론 개인에 따라, 상황에 따라 시간에 차이가 있을 수 있지만, 상담가를 찾는 일은 빠르면 빠를수록 좋다. 스스로 멘붕에 빠진 피해자가 극단적인 시도를 할 수 있고 원망과 자책을 통해 가해자에게 연락을 취할 수 있다. 겉으로 드러나지 않은 피해자의 음성적 행동은 장차 더 큰 문제를 일으킬 수 있다. 성범죄를 통해 자신을 학대하는 경우도 있을 수 있고, 무의식이 왜곡되어 스스로 성범죄 피해자에서 가해자로 돌변할 수 있기 때문이다. 이 시기에 스스로 멘탈을 놓지 않을 수 있는 심리 프로그램이 작동해야 한다.

감정 불안, 두려움에 대한 초기 대응이 매우 중요하다. 심리학은 국어가 아니다. 법전을 줄줄이 읽어주는 것으로 피해자의 마음이 치유될 수 없다. 범죄자를 잡는 데에도 감정에 대한 정보는 법리적으로 못지않게 현상학적으로도 중요하다. 법적인 문제의 해결은 감정 문제의 해결과 전혀 다르다. 성범죄 피해자의 대응 창구는 다음과 같이 다각화되어야 한다.

- 증거 채취와 사건 진술서 → 경찰
- 몸에 생겨난 상처 치료 → 의사
- 감정에 생겨난 상처 치료 → 상담가

가해자를 쉽게 용서하지 마라 그러나…

세상에서 가장 어려운 일이 상대방을 용서하는 일이다. 이창동 감독의 영화 「밀양」은 준비되지 못한 용서가 피해자에게 얼마나 끔찍한 고통을 가져다주는지 보여준다. 용서가 가해자의 무죄를 입증하는 것이 아니라는 사실을 이해하는 게 중요하다. 내가 상대를 용서한다는 건 사실 나 자신을 용서하는 것이다. 가해자는 절대 용서할 수도, 용서해서도 안 된다. 하지만 용서는 기억에 갇혀 있는 자신을 해방시키는 것이다. 용서는 자신에게 주는 선물이다. 용서는 자신에게 일어난 일들이 괜찮았다고 말하는 게 아니다. 용서는 내가 나에게 잘못한 사람을 받아들인다는 선언도 아니다. 용서는 일어날 수 있거나 일어나야 했던 것보다 일어난 그대로의 일을 받아들이기로 선택하는 것이다.

영화 「밀양」에서는 남편을 졸지에 잃고 어린 아들과 함께 남편의 고향인 밀양으로 낙향하여 작은 피아노학원을 운영하는 30대 초반의 젊은 과부 신애가 등장한다. 그녀는 의지할 남편도 없이 그저 남겨진 아들 하나 잘 키우겠다는 일념으로 일에 몰두한다. 하지만 하늘도 무심하게 하나밖에 없는 아들은 돈을 노린 동네 웅변학원 원장에 의해 납치되어 무참히 살해된다. 그녀에게 전부와도 같은 아들을 그렇게 졸지에 잃고 그녀는 초인적인 노력으로 상실의 슬픔을 이기려고 발버둥 친다. 인간으로서 도저히 해결할 길 없는 삶의 문제에 다쳤을 때 으레 그렇듯, 신애 역시 종교가 가르쳐주는 신앙의 힘으로 이를 극복하려 한다. 피울음 토해내듯 오열하며 신애는 침묵하는 신에게 아들이 죽을 수밖에 없었던 이유를 묻는다.

산 사람은 살아야 한다. 그녀가 찾았던 해결책은 터무니없는 몸값을 요구하다 자신의 아들을 죽인 웅변학원 원장을 신의 이름으로 용서하는 거였다. 하지만 준비되지 않은 용서는 부메랑이 되어 다시 그녀의 가슴을 후벼 팠다. 교도소를 찾은 신애는 자신의 예상과 달리 양심의 가책이라곤 1도 느끼지 않은 채 너무나 편안하게 지내는 가해자를 만난다. 자신에게 용서했다는 말을 하지 말라며 자신은 이미 신으로부터 용서를 받았기 때문에 죄에서 자유롭다고 당당히 말하는 가해자의 번들거리는 미소를 보고 헛구역질을 한다. "어떻게 용서를 해요? 용서하고 싶어도 난 할 수가 없어요. 그 인간은 이미 용서를 받았다는데… 그래서 마음의 평화를 얻었다는데… 내가 그 인간을 용서하기도 전에 어떻게 하나님이 그 인간을 먼저 용서할 수 있어요?"

신애는 아직 용서가 뭔지 모른다. 용서에도 사랑이 필요하다. 브라이언 맥길Bryan H. McGill은 "용서 없는 사랑이 없듯이, 사랑 없는 용서도 없다."고 말한다. 끔찍한 과거에 자신을 몰아넣은 가해자에게 용서의 손길을 내미는 건 무엇보다 내 자신의 인생이 더 고귀하고 소중하기 때문이다. 사실 그와 같은 상황에 내몰렸을 때 화를 내거나 분노하는 건 쉽다. 분노와 절망, 낭패감과 모멸감, 복수심과 원한으로 무장하는 건 그 어떤 피해자라도 노력하지 않고 금세 할 수 있는 반응이다. 내가 용서하기 위해서는 훨씬 더 많은 노력이 필요하다. 용서는 우리가 생각하는 것보다 훨씬 더 강한 자들이 할 수 있는 선택이다. 용서는 과거에 닻을 내리기보다 현재에 발을 들여놓는 것이다. 자신을 얽어맨 기억의 사슬을 끊고 새로운 기억 속으로 침노하는 것이다.

진정한 용서에는 적지 않은 시간이 필요하다. 배신과 배은망덕, 자기혐오와 뒤틀린 의사소통이 용서하려는 우리의 의지를 막아설 때, 일시적으로 그러한 혼란스러운 감정들을 느끼는 건 괜찮다. 우리는 온전한 용서로 나아가기 전에 먼저 상처받은 감정을 처리해야 한다. 어떤 사람들은 감정을 단번에 처리할 수 있지만, 그렇지 않은 사람들에겐 어쩌면 평생에 걸친 시간이 필요할지도 모른다. 용서는 분노와 같은 감정에 붙들리는 게 더 이상 나에게 같은 무게를 지우지 않는다는 사실을 깨닫는 것이다. 무엇을 좋고 나쁘게 보는 대신에, 나에게 그것이 무엇이든 있는 그대로의 감정으로 온전히 받아들여져야 한다. 그 순간 비로소 용서는 시작된다.

실제로 용서하는 건 예상보다 더 많은 힘을 필요로 한다. 십대 때 친오빠에게 성폭행을 당했던 오프라 윈프리는 자신의 과거와 결별하고 새로운 삶을 살기로 마음먹었을 때 그를 용서할 수 있었노라고 고백했다. 그녀가 음울하고 속절없던 할렘가의 불행한 소녀로 남아 있지 않고 고착된 운명과 부정적인 가계家系와 단호히 절연하고 새로운 세계에 발을 들이기로 선택했을 때 비로소 윈프리는 용서의 마력을 깨달았다. "용서는 과거가 달라질 수 있다는 희망을 포기하는 것입니다." 윈프리는 용서를 통해 얼룩진 과거를 바꾸려고 하지 않았다. 그녀는 지나간 과거를 과거로 그냥 두었다let bygones be bygones. 어쩌면 그녀는 가해자가 아닌 성폭력 앞에 그저 무력하기만 했던 자기 자신을 용서했는지 모른다. 이후 그녀는 우리가 잘 알고 있는 것처럼 세계적인 토크쇼 진행자가 되었고 여성이자 흑인으로서 가장 영향력 있는 셀럽으로 거듭났다.

나를 성적으로 학대한 사람을 용서하는 것은 지난한 시간이 필요로 하는 험난한 과정이다. 어쩌면 평생에 걸쳐 가해자를 미워할 수밖에 없는 경우도 있다. 필자의 상담소를 거친 내담자들 중에는 내적으로 해결되지 못한 분노와 가해자를 용서하지 못하는 죄책감이 짓눌러 생활이 파괴되어버린 피해자도 적지 않다. "소장님, 그날 이후 제 마음의 시계는 멈춰버렸어요." 참다가 결국 자신의 몸을 칼로 그으면서 자해를 시도하다 가족들에 의해 병원으로 보내진 내담자도 있었다. 그럼에도 불구하고 만약 용서를 위해 노력하기로 결정했다면, 다음과 같은 몇 가지 관점을 고려해 볼 수 있다.

상담사는 의외로 가까이 있다

성폭력과 관련한 경험이 풍부하고 훈련된 치료사나 전문 상담사가 도움을 줄 수 있다. 이들은 제3자의 시선에서 피해자의 마음을 들여다보고 실질적이고 객관적인 조언을 해줄 수 있다. 상담사는 피해자가 자신의 감정을 처리하는 과정을 도울 수 있고, 직접적인 트라우마나 고통을 극복하는 것을 도울 수 있으며, 2차 가해나 피해 보상에 관련한 법률적인 조언도 해줄 수 있다. 상담사와의 상담은 현재 내가 머무르고 있는 정서적 좌표를 확인하는 과정이다. 용서도 일단 내 마음을 알아야 가능하다. 감정을 추스르고 다스릴 수 있는 전략을 같이 고민하고 다음 단계로 나아가는 데 필요한 심리적 발판을 제공해 줄 수 있다. 암에 걸린 사람은 당장 암전문의를 찾아가야 한다. 성폭행으로 트라우마에 붙들린 사람은 당장 성심리 전문가를 찾아가야 한다.

용서는 나 자신을 위한 것이다

용서는 내가 가해자의 행동을 용서한다거나 그들과 화해해야 한다는 것을 의미하지 않는다. 용서는 나 스스로를 위해 하는 선택이고, 분노와 원망과 상처를 버리고, 삶을 계속 살아내기 위해 하는 선택이어야 한다. 상담을 하다 보면 자신을 용서한다는 게 실로 얼마나 힘든 과정인지 뼈저리게 느낀다. 베스트셀러 작가 레스 브라운Les Brown은 모든 성장은 자신을 용서하는 것에서 출발한다고 말한다. "먼저 자신부터 용서하라. 여러분 마음속에 부정적인 상황을 반복적으로 되돌려볼 필요가 없다. 늘 자신의 실수를 검토하고 다시 생각하면서 과거의 인질이 되지 말라." 아리스토텔레스도 자신을 용서하는 게 가장 어려운 일이라고 말했다. 용서는 가해자의 얼굴을 보고 하는 게 아니라 거울을 보고 자신에게 하는 것이다. 명심하라. 용서는 가해자에게 하는 게 아니라 나 자신에게 하는 것이다.

용서는 거울 속의 나에게 하는 것이다

용서는 결과가 아니라 하나의 과정이다

용서는 종결된 사건이 아니라 시간이 걸리는 여정이다. 용서는 남들에게 칭송받는 트로피를 얻기 위해 100미터 트랙 위를 달리는 단거리 경주가 아니라 종착지가 어딘지 모를 정도로 까마득한 평생에 걸친 마라톤이다. 용서는 빠르게 질주하는 레이싱이 아니라 여러 번의 고비를 넘어야 하는 산악 트레킹이다. 용서의 과정에 결승선이란 없다. 마틴 루터 킹은 "용서란 한 번의 우연한 행위가 아니라 지속적인 태도"라고 말했다.

용서는 자신에게 솔직해지는 것이다

미우면 밉다고 해라. 싫으면 싫다고 해라. 울고 싶으면 울어라. 성폭력 피해자가 상반된 감정을 갖는 건 지극히 정상적인 과정이다. 화가 나고 분개하는 것은 괜찮다는 것을 인식하라. 용서는 개인적인 선택이며 시간과 노력이 필요할 수 있다는 것을 기억하라. 가해자를 용서할 준비가 되어 있지 않다고 느껴도 괜찮다. 죄책감을 가질 필요 없다. 현재의 내 감정에 솔직해야 용서도 가능한 것임을 명심하자.

가해자를 쉽게 용서하지 마라. 그러나 한 발이라도 앞으로 내딛으려면 나 자신은 용서해야 한다. 그것밖에 없다. 다른 길은 없다.

건강한 조직문화를 위한 제언

성폭력에서 자유로운 조직문화를 만들기 위해 무엇보다 리더의 의지와 결단이 필요하다. 기업의 책임 있는 리더라면 회사의 생산성과 성장에만 골몰하지 말고 제일 먼저 성폭력이 없는 직장, 누구나 자유롭게 피해를 고발할 수 있는 일터부터 만들어야 한다. 이 문제에 대해 조직의 책임자들은 주도면밀한 리더십을 발휘해야 한다. 직장 내 성희롱을 해결하기 위한 첫 번째 단계는 직장 문화를 존중하면서도 우리 사이에 뿌리 내린 남녀 불균형과 성적 차별, 나아가 기존 성역할을 재평가하는 일이다. 이런 작업은 아래에서 위로 이뤄지기보다는 위에서 아래로 이뤄진다. 남성과 여성은 맡겨진 일과 책임에 있어 동등한 존재로 어느 한쪽이 반대쪽을 위해 일방적으로 희생하는 소위 '기울어진 운동장'에 놓여 있지 않다.

성희롱이나 성폭력은 더 이상 묻어두거나 축소시킬 수 있는 종류의 문제가 아니다. 성적인 농담과 빈정거림, 얼평이나 성적으로 부적절한 발언, 남녀 간 상대를 불쾌하게 만드는 태도, 언어폭력, 또는 신체적으로 가볍게 만지는 행위들은 절대 직장 내에서 용납되어서는 안 되며 이 문제에 관해 일터를 구성하는 모든 이들은 서로에게 일정한 책임을 단호히 물을 수 있어야 한다. 성폭력이 없는 직장문화는 침묵을 장려하는 대신 시민의식을 발휘하여 피해자의 목소리에 귀를 기울일 줄 아는 분위기를 만드는 데 일정한 책임을 가진다. 건강한 조직문화를 만들기 위해서 어떤 부분들을 고려해야 할까?

투명하고 공정한 성폭력 신문고 설치

먼저 성희롱과 관련한 회사 내 신문고를 설치해야 한다. 이를 위해 직원들이 설문에 정직하게 대답하고 익명으로 투서를 받을 수 있는 공식적인 성희롱 방지 프로그램을 마련하고 가동시켜야 한다. 설문조사를 통해 직원들의 요구 사항을 파악하고 불건전한 관계의 유무를 모니터링 해야 한다. 이 문제를 전문적으로 다룰 수 있는 공식 기구가 회사 내에 있어야 회사가 직원과 함께 성폭력 문제를 근본적인 차원에서 근절할 수 있다. 이는 경영진이 직장 내에서 실제로 무슨 일이 일어나고 있는지 평가하는 데 많은 도움이 된다.

회사는 설문조사를 토대로 성폭력과 성희롱을 해결하기 위한 실질적이고 현실적인 정책을 수립하고 정기적으로 모니터링할 수 있다. 이때 직장 내 성폭력 정책은 성별과 직책, 인사고과에 영향을 미치는 모든 형태의 폭력을 다루어야 한다. 이 정책은 무엇보다 기밀성을 유지해야 하며, 성희롱을 보고하기 위한 명확한 지침과 책임에 대한 명확한 지침을 회사 구성원들이 모두 공유해야 한다. 더불어 회사는 내부 신고자와 유포자에 대한 보복이나 경질에서 신뢰할 만한 보호를 제공해야 한다.

성폭력 예방 교육 프로그램 운영

성폭력이 없는 바람직한 직장 문화를 만들어가기 위해서는 성심리 전문가를 통해 최소한 연 1회 성폭력 예방 교육 프로그램을 운영해야 한다. 교육은 단순히 소송이나 해고를 예방하기 위함이 아니라 직장 내 괴롭힘과 성적 학대 행위의 예방에 관한 전체적인 프로그램으로 구성되어야 한다. 21세기에 성심리 교육은 필수다. 책임자는 보고 및 조사 절차를 검토할 뿐만 아니라 프로그램 이수를 위한 지원과 자원을 아끼지 않아야 한다. 최고의 교육은 당사자를 직접 만나서 대화하는 것이고 단지 법과 절차를 아는 것이 아닌 인식과 행동을 바꾸는 것에 초점이 맞춰져야 한다.

직장 내 성희롱을 해결하는 가장 효과적인 방법 중 하나는 직원들이 자신의 경험을 동료들과 공유하는 것을 편안하게 느끼는 문화를 만드는 것이다. 이는 전문가를 통한 집단상담으로 해결할 수 있다. 상담 프로그램을 통해 직원들이 자신의 경험을 공유하고, 보다 건전한 관계를 형성하며, 나아가 회사 전반에 긍정적인 영향을 줄 수 있다.

회사 내 상호 존중 문화의 육성

직장 내 성적 학대를 예방하려면 고용주와 직원 모두의 약속이 필요하다. 고용주는 직장 내 성희롱과 학대에 대해 명확하고 포괄적인 정책을 수립해야 한다. 이러한 정책은 성희롱과 학대를 구성하는 요소를 개략적으로 설명하고 사건을 보고하고 조사하기 위한 지침을 제공해야 한다. 고용주는 직원과 감독관에게 성희롱과 학대를 구성하는 요소와 사건을 예방하고 대응하는 방법에 대한 지속적이고 체계적인 교육을 제공해야 한다. 고용주는 직원들이 보복의 두려움 없이 성희롱과 학대 사건을 보고하도록 장려해야 한다. 고용주는 성희롱 및 학대에 대한 모든 보고를 조사하고 필요할 때 적절한 조치를 취해야 한다. 무엇보다 회사 내에서 상호 존중하는 문화를 육성해야 한다. 고용주는 모든 직원들이 가치 있고 안전하다고 느끼는 직장에서 존중과 포용의 문화를 정착시켜야 한다. 여기에는 다양성과 포용성을 촉진하고 차별적 행동을 다루는 것이 포함된다. 상사와 직원 간의 권력 불균형을 해결하고 남용을 방지하기 위한 조치를 취해야 한다.

성폭력 방지 프로그램은 회사라는 특정 환경에서 성적 학대 발생을 방지하기 위해 고안된 일련의 절차와 정책이다. 이러한 프로그램들은 회사 뿐 아니라 일반적으로 성적 학대가 일어날 위험이 있는 학교나 청소년 단체, 스포츠 팀, 교회 같은 종교 기관에서도 시행될 수 있다. 어떤 단체나 조직이든 포괄적인 성폭력 예방 프로그램을 시행함으로써 모든 구성원들이 보다 안전한 환경을 조성하고 성폭력 위험을 줄일 수 있다. 성폭력 예방 프로그램의 구조는 조직과 구성원의 구체적인 요구에 따라 달라질 수 있지만 일반적으로 다음과 같은 구조를 갖는다.

정책 및 절차	성폭력 방지 프로그램은 성적 학대가 무엇인지, 회사 내 성폭력을 어떻게 예방할 수 있는지, 그리고 성폭력 사건이 발생했을 때 어떻게 대처할 것인지를 개략적으로 설명하는 명확한 정책과 절차를 가져야 한다. 이 과정에 회사 구성원들이 모두 참여하고 동의해야 한다.
선별 및 선택	성폭력 방지 프로그램에는 신원 확인과 참조 확인 및 인터뷰를 포함하는 직원을 위한 심사 및 선발, 선별 과정이 있어야 한다. 이 과정은 성적 학대나 다른 부적절한 행동의 이력이 있는 사람들과 함께 일하는 것이 허용되지 않도록 하는 데 도움이 된다.
교육 및 관리	직원과 구성원들에게 어떤 행동이 성적 학대에 해당하는지, 이를 예방하기 위해서 어떤 행동이 필요한지, 성폭력 사건이 일어났을 때 어떻게 대처해야 할지에 대한 체계적이고 지속적인 교육을 제공해야 한다. 해당 교육은 의무적이어야 하며 모든 구성원들이 빠짐없이 정기적으로 참여해야 한다.
보고 및 대응	회사 내 성폭력 방지 프로그램은 성적 학대 사건을 보고하고 대응하기 위한 명확한 절차와 프로토콜을 가져야 한다. 회사 내 모든 구성원이 공지를 통해 이 절차를 명확히 인지해야 하며 동의해야 한다. 이러한 절차에는 보고, 위원회 구성, 조사 및 징계 절차가 반드시 포함되어야 한다.
감시 및 평가	성폭력 방지 정책과 절차가 프로토콜에 따라 적절히 준수되고 있는지, 프로그램이 성적 학대를 예방하는 데 효과적인지, 회사 내 구성원들의 인식은 어떤지 확인하기 위해 프로그램을 지속적으로 모니터링하고 평가해야 한다. 이 과정에 구성원의 일부가 대표로 참여해야 한다.
소통 및 정착	성폭력 방지 프로그램은 참가자와 기타 이해관계자들이 정책과 절차에 대해 소통하고 성적 학대에 대한 공개적인 의사소통을 갖도록 장려해야 한다. 프로그램의 정착과 확대를 위해 제언을 받고 이것이 새로운 정책과 규정으로 구현될 수 있도록 구성원 모두의 의견을 수렴해야 한다.

직장 내 성폭력 방지 프로그램의 얼개

피해자의 심리상담과 심리치료

성범죄 피해자들은 절대적으로 심리상담과 심리치료가 필요하다. 물론 심리치료에 앞서 성기나 신체에 발생한 부상을 치료하고 생물학적 증거를 수집하며 성병과 임신 예방을 위해 피해자를 병원에 입원시켜 외과적 치료를 제공해야 한다. 그와 함께 치료 과정 전반에 걸쳐 다양한 형태의 성적 외상 치료가 병행되어야 한다. 성폭력은 결코 혼자서 넘을 수 없는 파고다. 보통 성폭력 피해자들을 치유하는 상담 기법으로는 아론 벡Aaron T. Beck이 제안한 **인지행동치료**CBT가 활용된다. 인지행동치료는 성폭력의 기억으로 고통 받는 피해자의 과거보다는 앞으로의 삶에 더 초점을 맞춘다. 대부분 성범죄 피해자들은 문제를 인지하는 과정이 왜곡되어 비합리적인 신념을 고집하고 있다. **인지 왜곡**을 통해 상황을 이해하기 때문에 피해자가 비합리적인 신념을 교정하고 새로운 사고를 안착시켜 정신적 충격에 함몰되지 않고 생각의 늪에서 벗어나도록 유도한다.

특히 십대 성범죄 피해자들을 대상으로는 **외상중심인지행동치료**TF-CBT를 적용한다. 성적 착취를 겪은 미성년자들은 외상(트라우마)으로 고통을 호소하는데, 바로 그 외상에 초점을 맞춘trauma-focused 행동치료가 적용된다. 외상중심인지행동치료는 2006년 마나리노Anthony Mannarino와 코헨Judith Cohen, 그리고 데블링거Esther Deblinger가 공동으로 개발했다. 이 치료 전략은 장기적인 인지행동치료에 포섭되기에는 외상의 깊이가 크고 성인보다 더 큰 고통을 호소하여 극단적인 선택을 할 우려가 크기에 외상에 초점을 맞춘 단기 집중 치료 프로그램으로 구상되었다. 아동은 자신의 감정을 인지하는 능력이 성인보다 떨어지고 특정 감정을 효과적으로 표현하는 방법에 대해 미숙하다. 또한 성인을 위해 개발된 인지행동치료가 십대들이 이해하기에 어려운 부분이 있을 수 있다. 일단 이 치료 세션에 들어가게 되면 십대 피해자와 그의 부모 모두에게 행동치료가 제공되며 부정감정과 그릇된 인지적 왜곡에서 벗어날 수 있도록 도움을 받게 된다. 짧게는 8회에서 16회 정도로 전문가와 함께 피해자가 사건을 재구성하고 트라우마에 집중하여 부정적 기억과 비합리적 신념을 교정해 나간다. 필자의 상담소는 3개월에서 6개월 정도 세션을 진행하며, 아동의 경우 놀이치료와 함께 병행하여 인지행동치료를 단행한다.

인지행동치료의 한 형태로 성폭력 트라우마 치료에 많이 활용되는 기법 중 하나가 노출치료다. **노출치료**exposure therapy는 보통 불안장애나 외상후스트레스장애 및 기타 정신적 트라우마를 치료하는 데 쓰인다. 노출치료의 목적은 피해자가 불안이나 괴로움을 유발하는 상황이나 사물, 기억에 점차 노출시킴으로써 두려움에 맞서고 극복하도록 돕는 것이다. 노출치료의 이면에는 반복적인 노출을 통해 트라우마나 두려움의 원천이 실제로 위험하지 않다는 것을 배우는 데 도움이 되며, 불안과 트라우마가 결국 감소하거나 습관화될 것이라는 행동주의 이론이 놓여 있다. 다만 노출치료는 모든 성폭력 피해자에게 적합한 건 아니며, 자격을 갖춘 전문가가 피해자의 상황과 여건을 판단하여 치료 방향과 여부를 결정해야 한다.

노출치료는 일반적으로 여러 과정으로 나눠는데, 제일 먼저 트라우마를 일으키는 **트리거**trigger를 식별하는 것으로 시작한다. 상담가는 피해자에게 내적 불안이나 고통을 유발하는 상황이나 사물 또는 인물, 기억 따위를 식별하고 이를 계층화한다. 가장 낮은 트라우마로부터 가장 큰 트라우마에 이르기까지 각 단계마다 순위를 매기고 목록을 작성한다. 이어 상담가는 피해자가 가장 덜 괴로워하는 단계부터 시작하여 점진적인 노출을 시도한다. 이때 노출은 실제 상황에서, 이미지 노출을 통해, 또는 가상현실 노출을 통해 이뤄지는데, 필자는 보통 이미지를 통한 노출을 시도한다. 이어 피해자의 불안 반응이 줄어들 때까지 반복적으로 트리거를 노출시킨다. 상담가는 노출 중의 불안과 고통을 관리하는 데 도움이 되는 심호흡이나 진행성 근육이완과 같은 대처 기술을 가르치고 실제 연습시킨다.

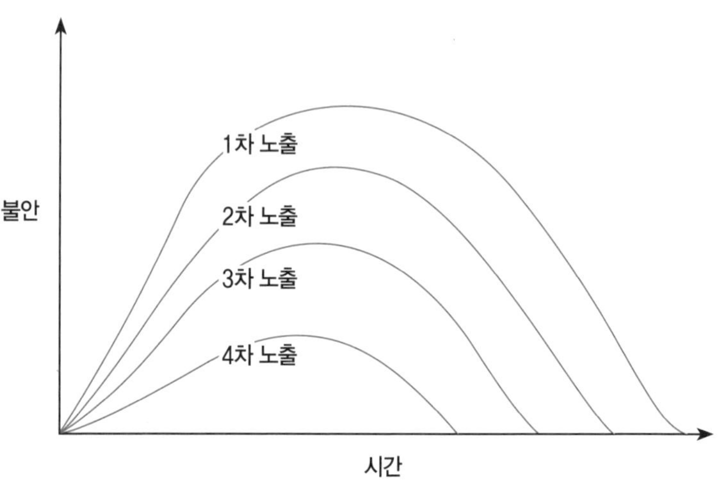

반복된 노출치료로 성폭력 트라우마를 감소시킬 수 있다

성폭력 트라우마의 치료와 상담은 개인의 필요와 학대의 심각성에 따라 달라질 수 있는 복잡하고 장기적인 과정일 수 있다. 그러나 성폭력 트라우마의 치료에 일반적으로 포함되는 몇 가지 공통적인 단계와 과정이 있는데, 다음은 트라우마 치료와 상담의 일반적인 단계와 과정이다.

안정화 구축

치료의 첫 단계는 피해자 개인의 안전과 안정성을 확립하는 것이다. 가해자와 일정한 물리적 거리를 두고 있는지, 현재 신변의 안전을 확보하고 있는지, 즉각적인 안전상의 문제나 위협은 없는지, 추가 피해를 받는 환경에 놓여 있지는 않은지 등을 확인하고 만약 미비한 부분이 있다면 이를 확보하는 과정이다. 전문적인 상담가는 피해자의 동의하에 경찰에 신변보호를 요청할 수 있으며 경찰의 피해자 주거지 주변의 순찰, 임시숙소나 거처, 신변 경호, 전문 보호시설, 접근금지 등을 논의할 수 있다. 피해 상황이 종료되고 피해사실이 확인되어야 상담가는 정서적 지원 및 위기 개입을 할 수 있다. 이 모든 전반적인 과정을 일컬어 **안정화**라고 한다.

신뢰 및 신뢰 구축

안정화 단계를 거치면 피해자는 전문 치료사나 상담가와 편안하고 안전한 장소에서 상담을 진행할 수 있다. 피해자와 상담가 사이의 신뢰 관계를 구축하기 위해 라포가 이뤄져야 하며 상담치료의 관계를 방해할 수 있는 여러 문제들을 해결하기 위한 선작업이 따라야 한다. 보통 피해자는 당시 상황을 다시 떠올리는 것을 극도로 꺼리는데, 이때 능숙한 상담가가 이 과정을 원만하게 처리해야 한다. 이 단계를 **신뢰 구축**이라 한다. 보통 무분별한 남성 경찰관의 질문과 조서 작성은 도리어 신뢰 관계를 깨며 피해자가 자신의 입을 꾹 다물게 만드는 주된 요인이 된다. 많은 경우, 이 과정에서 2차 가해가 발생하며 피해자는 씻을 수 없는 수치를 겪게 된다.

심리교육

치료사나 상담가는 트라우마의 본질과 그것이 뇌와 신체에 어떤 영향을 미치는지 기본적인 교육을 피해자에게 제공해야 한다. 이 교육은 성적 학대의 영향과 개인의 정서적, 신체적 반응에 대한 정보를 제공하는 것을 포함할 수 있다. 이를 **심리교육**이라 하는데, 대부분의 경험 많은 상담가는 이 심리교육에서 피해자의 망가진 성심리를 파악하고 향후 치료 방향을 설계하는 기초 자료를 확보한다. 피해자의 심리가 더 무너지기 전에 이뤄지는 심리교육은 너무 중요하다.

외상 처리

치료사나 상담가는 종종 인지행동치료, 외상중심인지행동치료, 안구운동감작및재처리EMDR 또는 노출치료와 같은 치료 기법을 사용하여 트라우마 경험을 처리하기 위해 피해자와 협력한다. 이 과정은 피해자가 트라우마에 대한 그들의 감정과 신념을 확인하고 마주할 수 있도록 돕고, 대처 기술과 전략을 개발하는 것을 포함한다. 이 과정에서 공포 감정에 대한 지속적 노출을 통해 왜곡된 인지과정을 바로잡고 피해의식, 중독사고, 반추사고 등을 예방한다. 피해자는 궁극적으로 트라우마 상황에 반복적으로 노출되어 둔감화를 겪으면서 점차 안전한 이완상태를 경험한다. 이 과정은 한두 번의 상담으로 종결되지 않으며 트라우마의 형태와 피해자의 심리 상황에 따라 한 달에서 수개월 이상 지속될 수 있다.

재구성 및 자력 극복

치료의 마지막 단계는 피해자가 자아감을 재건하고 정상적으로 일상생활로 돌아갈 수 있도록 돕는 것이다. 해체된 자아를 재구성하고 자존감과 회복탄력성을 높여 스스로 문제를 객관화하고 트라우마를 줄여나가는 과정이다. 당시 상황을 떠올리게 하는 트리거나 피해자에게 스트레스를 주는 왜곡된 사고를 제거하고 감정을 스스로 통제할 수 있는 제어력을 부여한다.

성폭력 트라우마의 치료는 종종 장기적인 과정이며, 여러 유형의 치료나 개입이 수반될 수 있다는 점에 유의해야 한다. 개인의 발전과 성장은 학대의 심각성, 개인의 정서적, 심리적 자원, 그리고 가족과 친구, 전문가들로부터의 지원의 가용성을 포함한 다양한 요소들에 달려 있다.

05 성범죄가 없는 이상적인 남녀관계란

미네소타대학 심리학 교수였던 아이라 라이스Ira Leonard Reiss는 남녀가 만나 서로 사랑의 관계를 만들어가는 단계에는 일정한 선후관계와 규칙성이 있다며 소위 '사랑의 수레바퀴 이론wheel theory of love'을 제시했다. 첫 번째 단계는 상호간의 유대감, 소위 '라포'를 형성하는 단계다. 처음 만났는데도 불구하고 상대가 낯설지 않고 서로에게 편안함을 느끼며, 서로를 더 알고 싶은 욕구와 함께 상대에게 자신을 드러내고 싶은 의지가 생기는 단계다. 이때 라포는 동일한 혹은 유사한 배경을 가진 두 개인 사이에서 형성될 수 있다. 상대에게서 많은 공통점을 발견하고 상호 이해와 공감을 느낀다. 둘은 이렇게 외친다. "널 오래전부터 알고 지낸 것 같아." 물론 동일한 배경을 갖지 않고 이질적인 배경을 가진 경우에도 라포는 형성될 수 있다. 서로 너무나 다른 사람에게도 사람은 흥미를 느낄 수 있으며, 자신이 항상 갖고 싶어 했던 자질이나 성격을 상대에게서 발견하며 매력을 느끼기도 한다. 라이스는 관계의 원인과 관계없이 이렇게 일단 라포 관계가 성립되면 사랑의 수레바퀴가 굴러간다고 주장한다. 비유하자면 활주로에 서 있는 비행기의 프로펠러를 맨 처음 완력으로 힘껏 돌려 시동을 거는 것과 같다고 할 수 있다.

이러한 친밀감은 보통 두 번째 단계인 **자기 노출**로 이어진다. 상대와 있는 것이 점점 편안해질수록 자신에 대해 더 많은 부분을 드러내고 싶어지는 게 인지상정인 것이다. 저절로 자신이 좋아하는 음식, 평소 즐겨듣는 음악, 자주 보는 영화 등을 상대와 함께 나누고 싶어진다. 우리는 어릴 때부터 언제나 좀 더 친밀한 수준에서 상대에게 자신에 대한 정보를 공개하도록 학습 받아왔다. 길에서 마주친 전혀 모르는 사람이거나 처음 보는 생면부지의 낯선 사람, 불편한 상대에게 나의 시시콜콜한 사적 정보를 제공하기는커녕 말도 걸고 싶지 않다. 자기를 노출하는 단계나 과정은 사람마다 자라온 경험과 배경이 다르기 때문에 다를 수밖에 없다. 신뢰할 수 있다고 증명될 때까지 상대를 경계하도록 길러진 사람도 있을 것이고, 아무리 친한 사이라도 종교적 관점이나, 정치 성향, 또는 성적 본성에 대해서 너무 솔직하게 털어놓는 건 예의가 아니라고 배운 사람도 있을 것이다. 지극히 개인적인 내용, 신체의 비밀, 사사롭고 은밀한 정보 따위는 오로지 가족에게만 털어놓아야 한다고 믿는 이들도 있을 것이다. 어쨌든 이 자기 노출의 과정은 사랑의 수레바퀴를 더 힘차게 밀어주는 동력이 된다.

자기 노출을 통해 상대를 점차 알아가면서 둘의 관계는 더욱 깊어진다. 이제 서로의 일상을 공유하고 상대에게 전폭적으로 의지하면서 두 사람은 더 많은 시간을 함께 보내게 되고 천천히 서로의 관계는 상호 의존의 단계로 넘어간다. 이제 상대방을 가끔 보고 싶었던 게 하루라도 보지 않으면 견디기 힘들어지는 단계로 진화한다. 혼자서 잘만 보던 TV 프로그램이 이제는 그가 없으면 더 이상 눈에 들어오지 않는다. 예전에 혼자 아무렇지 않게 하던 일들이 이제는 그가 없으면 도무지 손에 잡히지 않는다. 상호 의존은 네 번째 단계, 즉 성격적 욕구 충족으로 이어진다. 각 개인은 사랑하고, 사랑받고, 믿고, 속마음을 털어놓고, 지지받고, 다른 사람들 사이에서 격려 받을 수 있는 누군가가 필요하다. 이 필요가 상대를 만나며 충족되는 단계가 바로 욕구 충족의 단계다. 두 사람은 상대가 이러한 욕구를 충족시키는 존재라는 사실을 깨닫기 시작한다. 이러한 성격적 욕구가 충족됨에 따라, 그간 숨겨져 왔던 다른 많은 관계도 노출되면서 더 많은 상호 의존, 그리고 더 깊은 성격적 욕구 충족으로 이어진다.

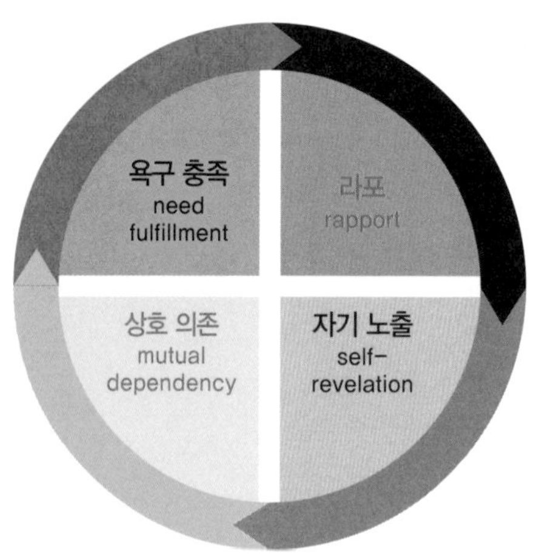

리스의 사랑의 수레바퀴의 네 국면

1973년, 유타대학의 심리학자 어윈 앨트먼Irwin Altman과 델라웨어대학의 심리학자 달마스 테일러Dalmas Taylor는 남녀 간의 이상적인 관계 발달을 보여주기 위해 소위 '**사회 침투 이론**social penetration theory(SPT)'을 제시했다. 이 이론에 따르면, 남녀관계는 자신을 드러내는 **자기 폭로**를 통해 개인 간의 서로 다른 수준의 친밀감을 교환하는데, 앨트먼과 테일러는 이를 '**사회적 침투성**social penetration'이라고 불렀다. SPT는 상담가의 일방적인 해석에 기반을 두는 게 아니라 실제 실험을 통해 얻어진 객관적 정보를 바탕으로 둘의 관계를 조망한다는 차원에서 객관적인 이론으로 알려져 있다. 이 이론에 따르면, 개인적인 동기와 욕망, 감정, 생각, 경험과 같은 정보들을 의도적으로 다른 사람에게 공개할 때 주로 자기 폭로를 통해 관계가 발전한다고 주장하는 점에서 리스의 사랑의 수레바퀴 이론과 유사한 면이 있다. 반대로 비침투의 차원이 늘어나면 시간이 지나면서 두 사람의 관계가 점차 퇴보하고 결국 갈라서게 된다고 말한다.

앨트먼과 테일러는 이 관계가 매우 체계적이고 예측 가능한 방식으로 발전한다고 단언한다. 무엇보다 남녀의 관계 발전은 피상적인 층위에서 친밀한 층위로 점차 이동한다. 예를 들어, 남녀는 첫 데이트에서 너무 많은 것을 보여주어 상처를 받을 위험을 감수하지 않는다. 취미나 기호에 대한 시시콜콜한 이야기를 통해 자신의 겉모습, 남에게 보여줘도 괜찮은 모습만 노출시키려 한다. 하지만 관계가 진행됨에 따라 정치성향이나 특정 종교적 신념, 보다 구체적인 관심사 등을 상대와 광범위하게 나누려고 한다. 그리고 서로의 신뢰가 쌓이면서 남녀는 보다 이상적인 정보들, 미래의 꿈, 가치관, 현실의 문제와 한계 등을 나누고 공유하는 단계로 발전한다. 이런 일관된 방향성은 인간이라면 누가 가르쳐주지 않아도 스스로 만남과 관계를 신중하게 프로그래밍할 수 있는 매우 민감한 튜닝 메커니즘을 가지고 있다는 사실을 보여준다. 여기서 중요한 건 자기 폭로, 즉 자신의 모습을 공개하는 범위에 달려 있다. 자기 폭로(공개)는 관계 발전을 촉진하는 열쇠면서, 동시에 더 깊은 단계의 관계 맺기로 들어갈 수 있는 관문이다. 이 관문을 피해갈 수 있는 남녀는 존재하지 않으며, 보다 친밀하고 깊은 관계를 원하는 이들이라면 반드시 이 관문을 통과해야 한다.

앨트먼과 테일러는 이러한 사회적 침투 과정에 다섯 가지 단계가 있다고 말한다. 이 단계는 연속적인 사슬 형태로 이어져 어느 부분 하나가 끊어져도 다음 단계로 넘어갈 수 없으며, 초기 단계에 사회적 침투는 매우 빠르게 전개되다가 단계를 거듭할수록 그 속도가 점차 느려진다고 주장했다. 이 과정은 마치 양파의 횡단면과 닮았는데, 서로를 단계적으로 알아가는 과정이 흡사 양파의 껍질을 하나씩 벗겨나가는 것 같기 때문이다. 첫 번째 단계는 첫인상 단계다. 이 단계는 내가 상대를 만났을 때 주로 외모나 행동, 표정, 체취, 태도를 관찰하는 과정을 말한다. 첫인상은 상대에 대한 호감을 유발하고 그 다음 단계로 나아가는 추동력, 서로에 대한 인력引力을 생성한다. 반대로 나쁜 첫인상은 불안감과 비호감을 주면서 상대와 멀어지는 척력斥力을 생성한다.

긍정적인 인상을 통해 첫인상 단계를 넘어선 남녀는 **오리엔테이션 단계**로 진입한다. 이 단계에서는 상대에게 보여주고 싶은 겉으로 드러난 이미지들만 제시하고 상대가 알아도 크게 위험하지 않은 주변적인 정보들을 교환한다. 그 정보에는 이름이나 나이, 고향, 학벌, 가족관계, 친구관계, 취미, 관심사 등이 포함된다. 그 다음 단계는 **탐색적 감정 단계**로 정부나 교육, 정치, 종교와 같은 보다 무거운 주제들에 대한 개인적인 입장이나 태도를 드러내면서 내면의 자아를 조금씩 노출시키기 시작한다. 물론 이 단계에선 아직 상대를 확신할 수 없고 자신을 드러내기에 편안하지 않기 때문에 이 정보가 전부 진실이 아니며 꾸며낸 것, 어느 정도 가공을 거친 내용일 수도 있다. 이 단계는 서로 안면을 트고 알아가는 가벼운 우정 단계로 볼 수 있다.

이 단계가 성공적으로 이뤄지면 그 다음 **감정 단계**로 이행한다. 이 단계에 들어서면 서로 사적이고 개인적인 이슈에 대해 이야기하는 게 점점 편안해지며, 보다 속 깊은 이야기를 나누게 된다. 이 단계에서는 개인적인 감정과 정서를 나누며 약간의 갈등과 논쟁이 발생할 수도 있다. 물론 더 이상 진척이 없는 답보상태도 발생할 수 있다. 서로의 공통점만큼 차이점도 발견하기 때문에 자신을 더 이상 노출시키지 않기로 마음먹는 단계기도 하다.

이 단계를 성공적으로 마쳐야 그 다음 단계인 **안정 단계**로 넘어갈 수 있다. 이 단계에 이른 남녀는 이제 가장 깊은 개인적인 생각이나 고유한 신념, 가치관을 공유하고, 각각 상대의 감정적 반응을 예측할 수 있는 지점에 도달한다. 이 단계는 완전한 개방성, 원초적인 정직성 및 높은 수준의 자발성으로 특징지어진다. 때로 가장 적지만 가장 친밀한 정보도 이 단계에서 제공한다. 이 단계에서 결혼 약속이 이뤄지고 육체적인 애정 교환이 이뤄진다.

물론 안정적 단계에 이르지 못하고 멈춰서는 정체기가 올 수 있는데, 앨트먼과 테일러는 이를 **비침투 단계**라고 명명했다. 비침투 단계는 어떤 단계에서도 나타날 수 있다. 관계가 앞으로 나아가지 못하고 이 단계로 떨어지면 남녀관계는 깨지기 시작하고 급기야 비용이 편익을 초과할 때 관계는 종료되고 만다. 각 단계에서 비침투 단계를 불러오는 장애물이 있는데, 앨트먼과 테일러는 이 장애물들을 성별, 인종, 종교, 성격, 사회적 지위, 민족적 배경 등으로 보았다. 이러한 장애물들은 상대에게 접근하는 침투 성공 여부뿐 아니라 속도에도 많은 영향을 미친다. 남녀가 종교가 다른 경우, 침투 과정에 일정한 장애가 발생할 수 있으며, 호남과 영남 같은 지역적 차이 역시 서로를 알아가는 데 적잖은 방해 요소로 작용한다. 또한 침투 단계에서 여성은 남성보다 자기 폭로를 더 많이 시도하는 경향이 있다. 남성은 사회적 낙인이나 문화적 배경 때문에 자신의 깊은 감정을 표현하지 못하는 경우도 있다. 장애물을 허들 넘듯 흔쾌히 뛰어넘는 남녀만이 그 다음 단계로 나아갈 수 있다.

또한 앨트먼과 테일러에 따르면, 각 단계의 침투는 폭과 깊이로 그 정도를 측정할 수 있다. 침투의 폭은 개인의 삶에서 공개되는 영역의 범위 또는 논의되는 주제의 범위라고 할 수 있는데, 각 주제 영역이 항상 동시에 동일한 단계에서 침투되는 건 아니라고 이들은 못 박는다. 소수 종파에 속한 신앙을 가진 사람이라면 자신의 종교 문제에 대해 공개하는 시기를 뒤로 미룰 수 있으며, 반대로 좋은 학벌을 가진 사람이라면 교육 문제에 대해 매우 개방적일 수 있다.

반면 침투의 깊이는 친밀감의 정도다. 개인이 자기 폭로에 대한 공통의 불안을 극복함에 따라 친밀감이 형성되는데, 더 깊은 친밀감은 관계적 신뢰를 촉진하고 일상적인 대화에서 논의되는 것보다 폭넓고 다양한 것들에 대한 더 깊은 대화를 장려한다. 앨트먼과 테일러는 관계에서 폭이 없는 깊이를 가질 수 있으며, 그 반대도 얼마든지 가능하다고 주장한다. 예를 들어, 폭이 없는 깊이는 서로 암묵적으로 합의된 친밀감의 한 영역에만 접근할 수 있다. 반면 깊이 없는 폭은 일상적인 대화를 나누는 관계일 것이다.

"피해자와 가해자의 심리가 연결되어 작용"

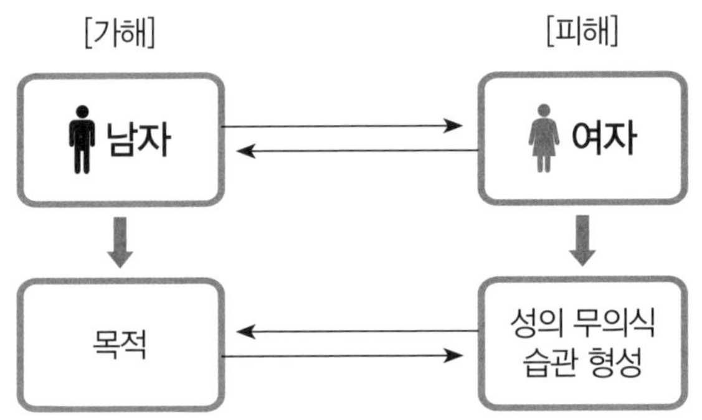

[목적 관계, 범죄 관계, 사기 관계, 가해와 피해 관계]

피해자와 가해자의 심리는 서로 얽혀 있습니다. 한 번이 어려울 뿐 한쪽이 가해하고 다른 쪽이 피해를 입으면 우리 무의식은 수많은 합리화를 통해 습관적인 가해와 피해의 관계, 이른바 관계중독으로 우리를 몰아넣습니다. 그래서 피해가 접수되었다면 피해자와 가해자는 무조건 공간을 분리해야 합니다. 더 나아가서 가해자의 가족까지도 피해자에게 2차 가해를 입히는 상황이 일어날 수 있기 때문에 피해자와 가해자 당사자뿐만 아니라 그들의 가족까지도 접촉할 수 없도록 분리해야 합니다.

남자가 가해자인 경우 : 목적을 갖고 여자를 만나는 순간 자신의 무의식이 무조건 성을 표현할 수밖에 없습니다. 남자 자신도 무의식이 그렇게 작용한다는 것을 모르기 때문입니다. 이때 여자는 남자의 목적대로 무조건 성적 습관이 형성됩니다.

여자가 가해자인 경우 : 자신도 모르게 목적을 갖고 남자를 만날 때 여자는 언제나 남자에게 자신의 어려움과 상처를 표현합니다. 이때 남자는 여자의 어려움을 듣고 이를 해결해주려는 무의식이 작용합니다. 예를 들어 이혼하고 혼자 산다, 돈이 없다, 직업이 없다, 사별한 여자라 고생이 많다는 등의 문제는 남자에게 매우 좋은 관계중독의 덫이 됩니다.

| 나가는 말 |

더 이상 비극은 없어야 한다

세계적인 팝가수 레이디 가가Lady Gaga는 19살 무명 시절 음악실에서 함께 작업을 하던 남자 프로듀서에게 강간을 당합니다. 프로듀서는 강압적인 어투로 미성년자인 그녀에게 노래를 부르기 전에 먼저 옷을 벗으라고 했고 그녀가 이를 거절하자 그는 갑자기 성난 승냥이로 돌변하여 그녀에게 달려들었습니다. "내 요구를 묵살하면 넌 다시는 노래를 부를 수 없을 거야. 내가 너의 음악을 모두 불태워버릴 거거든." 그는 반항하는 레이디 가가의 뺨을 여러 차례 때리고 그 자리에서 강간했습니다. 그렇게 무방비 상태에 놓인 그녀는 결국 원치 않은 임신까지 하게 됩니다. 그럼에도 그녀는 그날의 끔찍한 일 때문에 가수로서의 꿈을 포기할 수는 없었습니다.

"처음에는 전신에 통증을 느꼈고, 그 다음부터는 아무 감각도 없었어요. 그 다음 몇 주 동안은 죽을만큼 아팠습니다. 날 강간한 그가 부모님 집에 임신한 나를 내려줄 때 느꼈던 것과 같은 고통임을 깨달았습니다. 난 7년 동안 내가 겪은 일을 아무에게도 말하지 않았습니다. 심지어 친한 친구에게조차도요. 나는 너무 어렸기에 그 일을 어떻게 받아들여야 할지 전혀 몰랐습니다. 나는 항상 그렇게 멍청하게 당했던 내 자신을 비난했고 그게 내 잘못이 아니라고 생각하는 법을 배우지 못했어요. 그 일은 나를 완전히 바꿔놓았습니다. 난 발버둥 치며 늪에서 벗어나려 했어요. 나는 살아남았습니다. 아니 살아남아야 했어요."

어쩌면 레이디 가가의 끔찍한 기억은 그녀가 가수로 성공가도를 달리면서 다시금 소환될 수 있었습니다. 만약 그녀가 대중의 인기를 얻지 못한 수많은 예술가처럼 그렇게 무대 뒤로 사라졌다면 그녀의 사건 역시 망각 속에 묻혔을 것입니다. 강간 뒤 외상후스트레스장애를 앓으며 여러 번 자살을 시도하던 그녀는 그로부터 약 2년 후인 2008년 데뷔 앨범 「더 페임The Fame」이 음악차트 1위에 올라 대중 앞에 유명 가수로 거듭납니다. 이후 발표한 다섯 개의 앨범 모두 미국 차트를 휩쓸며 세계적으로도 최고의 대중가수로 성공했습니다. 오늘날 그녀는 오프라 윈프리와 함께 성폭력 생존자들을 지원하는 캠페인을 주도하고 있습니다.

성범죄는 언제나 우리 곁에 있습니다. 나와는 무관한 일로 생각하는 순간 성범죄의 마수는 우리의 목덜미를 쥐고 흔들 수 있습니다. 중요한 것은 치료보다 예방입니다. 동시에 최선은 언제나 차선을 동반합니다. 이 책을 마치며 우리는 성범죄에 대한 심도 있는 이해와 그에 따른 예방 방법들을 탐구해보았습니다. 성범죄는 그 특성상 사회적으로 민감하며, 이를 효과적으로 대처하고 예방하기 위해서는 다양한 관점에서의 분석과 노력이 필요합니다. 무엇보다 우리는 성범죄을 일으키는 왜곡된 성심리의 위험성과 사회 문화적 원인에 대한 이해가 중요하다는 것을 배웠습니다. 사회적, 심리적, 환경적인 요소들이 복잡하게 얽혀 있어 성범죄를 다루는 데에는 한 가지 이유나 해결책만으로는 부족하다는 것도 깨달았습니다.

더불어 성범죄의 예방을 위해서는 교육과 인식 활동이 필수적입니다. 저는 오래전부터 성범죄 피해자들을 상담하고 범죄 사각지대에 내몰린 피해자들의 마음을 어루만지며 학교와 직장 내 성교육의 중요성을 강조해왔습니다. 무엇보다 우리는 올바른 성교육을 받아야 합니다. 이미 망가진 성심리를 가진 사람들이 건강하고 올바른 성심리를 가질 수 있는 방법은 문제가 불거지기 전에 미리 대비해야 하는 수밖에 없습니다. 사회 내에서 성범죄에 대한 인식 수준을 높이고 어린 시절부터 철저한 예방 교육을 실시하여 이에 대한 경각심을 심어주는 것은 우리 사회가 더 나은 미래를 위해 할 수 있는 가장 요긴한 투자라고 생각합니다.

나아가 성범죄자의 심리적 특징을 파악하고 이를 예방하는 방안을 모색하는 것은 끊임없는 연구와 개선이 필요한 과제이기도 합니다. 재범 방지 프로그램과 상담 서비스를 확대하며 성범죄자의 사회 복귀를 도울 수 있는 환경을 조성하는 것이 중요합니다. 전자발찌로 성범죄에 족쇄를 채울 수 있다는 발상은 성범죄가 사회에 끼치는 해악을 감안할 때 참으로 경박하기 그지 없습니다. 무엇보다 가장 중요한 것이 있습니다. 우리는 성범죄 피해자들에 대한 지원과 보호가 절실히 필요하다는 것을 명심해야 합니다. 피해자들의 치유와 재건을 위해 정부와 비정부기관, 사회 전체의 협력이 필요하며, 이를 위한 서비스와 자원을 제공하는 체계를 구축하는 것이 필요합니다. 동시에 우리의 노력이 성과를 거두기 위해서는 법과 정책의 지속적인 발전이 필요합니다. 성범죄의 예방과 처벌에 관한 법률과 규정을 보다 효과적으로 개선하고, 사회 변화와 함께 발전시켜 나가는 것이 중요합니다.

이 책은 성범죄의 이면에서 작동하는 성심리의 원리와 회로를 해부하고 이를 예방하는 방법들에 대해 더 나은 이해를 모색하고 있습니다. 기회가 된다면 여러 강연을 통해 이 책에서 못다 한 이야기들을 더 나누며 내담자들과 호흡할 수 있었으면 좋겠습니다. 이 자그마한 책 한 권으로 사지로 내몰린 성범죄 피해자들이 새로운 삶의 빛을 찾고 사회와 정부 모두 성범죄를 근절할 수 있는 데 조금이나마 도움이 될 수 있기를 바랍니다. 감사합니다.

우리가 외면한 진실

1판 1쇄 발행 2023년 10월 31일

지은이 박수경

발행인 김성룡
코디 정도준
편집 백승기
교정 김은희
디자인 김민정

펴낸곳 도서출판 가연
주소 서울시 마포구 월드컵북로 4길 77, 3층 (동교동, ANT빌딩)
구입문의 02-858-2217
팩스 02-858-2219

* 잘못된 책은 구입하신 서점에서 교환해 드립니다.
* 책 정가는 뒷표지에 있습니다.

이 도서는 한국출판문화산업진흥원의 '2023년 우수출판콘텐츠 제작 지원' 사업 선정작입니다.